Impressum

Peter Klingenburg,
Jens Nebendahl (Hrsg.)

Webolution
(Über-) Leben in der digitalen Welt

BusinessVillage, Göttingen 2010
ISBN 978-3-86980-007-3
© BusinessVillage GmbH, Göttingen

Bestellnummer
Druckausgabe Bestellnummer PB-820
ISBN 978-3-86980-007-3

Bezugs- und Verlagsanschrift
BusinessVillage GmbH
Reinhäuser Landstraße 22
37083 Göttingen
Telefon: +49 (0)5 51 20 99-1 00
Fax: +49 (0)5 51 20 99-1 05
E-Mail: info@businessvillage.de
www.businessvillage.de

Konzeption, Redaktion & Realisierung
Maja-Florence Loose
Institute of Electronic Business e.V.
www.ieb.net

Gestaltung
Studio GOOD, Berlin
www.studio-good.de

Illustrationen
André Gottschalk

Druck & Bindung
Westermann Druck Zwickau GmbH, Zwickau

Copyrightvermerk
Das Werk einschließlich aller seiner Teile ist urheberrechtlich geschützt. Jede Verwertung außerhalb der engen Grenzen des Urheberrechtsgesetzes ist ohne Zustimmung des Verlages unzulässig und strafbar. Das gilt insbesondere für Vervielfältigung, Übersetzung, Mikroverfilmung und die Einspeicherung und Verarbeitung in elektronischen Systemen.
Alle in diesem Buch enthaltenen Angaben, Ergebnisse usw. wurden von dem Autor nach bestem Wissen erstellt. Sie erfolgen ohne jegliche Verpflichtung oder Garantie des Verlages. Er übernimmt deshalb keinerlei Verantwortung und Haftung für etwa vorhandene Unrichtigkeiten. Die Wiedergabe von Gebrauchsnamen, Handelsnamen, Warenbezeichnungen usw. in diesem Werk berechtigt auch ohne besondere Kennzeichnung nicht zu der Annahme, dass solche Namen im Sinne der Warenzeichen- und Markenschutz-Gesetzgebung als frei zu betrachten wären und daher von jedermann benutzt werden dürfen.

Vorwort

VON **PETER KLINGENBURG**
UND **DR. JENS NEBENDAHL**

„Webolution" ist ein Buch über die Entwicklung des Internets, über das, was hinter uns liegt, und vor allem über das, was kommen wird. Es gibt viele hinreichende Gründe, sich täglich mit diesem Thema zu befassen. Noch dazu, wenn man wie wir sein Geld damit verdient. Warum also kommt dieses Buch gerade jetzt zur rechten Zeit?

Erstens gibt es ein dreifaches Jubiläum.

Ein Jubiläum liefert bereits einen guten Anlass, sich tiefergehend mit einem Thema zu befassen. Wir haben gleich drei davon: 40 Jahre Internet, 20 Jahre World Wide Web, 15 Jahre T-Systems Multimedia Solutions. Über die ersten beiden Jubiläen ist hinlänglich viel bekannt. Kleinrocks Mitarbeiter Charly Klein an der Universität von Los Angeles schickt 1969 die erste Netzwerk-Nachricht; 1989 begründet Berners-Lee das World Wide Web. Weniger bekannt ist, dass 1995, als „Multimedia" zum Wort des Jahres wurde, auch unser Unternehmen – die T-Systems Multimedia Solutions GmbH – gegründet wurde. Wir begleiten eine stetig wachsende Zahl Kunden in der digitalen Welt, seit 2003 sind wir Marktführer im Ranking des Bundesverbandes Digitale Wirtschaft. Und so schauen wir als Unternehmen und als Personen zuversichtlich in unsere digitale Zukunft.

Zweitens verändert das Web die Gesellschaft immer spürbarer.

Im Internet ist etwas entstanden, was nicht mehr nur die Abbildung bereits vorhandener Dinge „im Netz" ist, sondern zunehmend eine eigene Qualität bekommt. Information und Unterhaltung finden online statt. Die klaren Grenzen von Unternehmen verschwinden. Der private und der geschäftliche Raum vermischen sich. Wir nennen das, was da entsteht, den digitalen Lebens- und Geschäftsraum. Und dieser Raum wächst. Immer mehr Menschen verbringen immer mehr Zeit in diesem Raum. Und was sie dort tun, nimmt an Bedeutung zu. Das kann jeder im privaten Umfeld beobachten, vor allem bei Kindern. Sie grübeln nicht mehr, sie schauen direkt bei Google nach. Statt im Lexikon zu blättern, nutzen sie die Wikipedia. Und Soziale Netzwerke wie SchülerVZ und Facebook ersetzen das Poesiealbum und für viele Jungendliche auch schon die E-Mail.

Der dritte Grund für dieses Buch gilt zugegebenermaßen immer – für uns ist er ausschlaggebend:

Denn drittens fasziniert das Internet, faszinieren die Veränderungen, die es mit sich bringt.
Schon früh begann das Internet, Menschen zu faszinieren. Seine Möglichkeiten wurden genauso unterschätzt wie die Gefahren – wir erinnern uns an die „New Economy" und manche Diskussion um Werteverfall und Kulturverlust.

Die zunehmende Bedeutung des Internets schafft neue Möglichkeiten und wir finden es spannend, den damit verbundenen Fragen nachzugehen. Wie werden Menschen und Unternehmen in Zukunft arbeiten? Welche Strukturen werden dafür in Unternehmen existieren? Wie entsteht Neues? Wir haben Antworten und Ansätze unter Überschriften zusammengefasst, um verschiedene Sichten auf gleiche Themen sichtbarer zu machen – aber letztlich sind fast alle Artikel miteinander verwoben. Es geht eben um ein – um das Netz.

Wir wollen hier nicht auf einzelne Autoren eingehen. Jeder einzelne Beitrag unserer Autoren für sich genommen ist absolut lesenswert. Zusammengenommen ergeben sie eine vielschichtige Lektüre zu einem Thema, das vor allem eines möchte: weitergedacht werden. Verstehen Sie dieses Buch bitte als Einladung zur Diskussion. Es gibt viele Gelegenheiten, dies zu tun. Eine davon finden Sie hier: www.t-systems-mms.com/webolution

Wir wünschen Ihnen viel Spaß mit der Lektüre und freuen uns auf Ihre Meinung!

Grußwort

VON **PROF. DR. HANS-JÖRG BULLINGER**
UND **PROF. DR. JOACHIM NIEMEIER**

Als die T-Systems Multimedia Solutions GmbH im Jahr 1995 noch unter ihrem alten Namen Multimedia Software GmbH Dresden gegründet wurde, war vom Internet allenfalls in Forschungsinstituten die Rede. Mit dem Thema „Interaktives Fernsehen" startete das Unternehmen in seine Zukunft. In den letzten 15 Jahren mussten die Mitarbeiter immer wieder neue technologische Chancen identifizieren und in vermarktbare Lösungen umsetzen.

Weit vor dem Internet-Hype zum Ende der 90er-Jahre arbeitete das Team der T-Systems Multimedia Solutions GmbH an einer Vielzahl von zukunftsfähigen Internetlösungen. Das Spektrum reichte von Corporate Websites über Intranet-Lösungen bis hin zu E-Commerce-Anwendungen. Innovation rund um das Internet ermöglichte neue Geschäftsfelder und neue Arbeitsplätze. Als dann mit dem Platzen der Internet-Blase im Jahr 2000 sich in der Branche die Krisenmeldungen häuften und eine Vielzahl der Wettbewerber in existenzielle Schwierigkeiten gerieten, konnten bei der T-Systems

Multimedia Solutions für eine Reihe von Teams aus diesen Unternehmen neue Arbeitsplätze geschaffen werden. Damit wurden die Know-How-Basis und die Kompetenzen der T-Systems Multimedia Solutions GmbH erweitert und das Unternehmen konnte vom Standort Dresden in andere Regionen in Deutschland expandieren. Die T-Systems Multimedia Solutions GmbH wurde Marktführer im „New Media Ranking" und hat bis heute diesen Spitzenplatz nicht nur verteidigt, sondern eine neue Marktliga gestaltet.

Mit der Erholung der New-Media-Branche brach auch für die T-Systems Multimedia Solutions GmbH ein neues Zeitalter an. Wieder war das Unternehmen Vorreiter mit neuen Technologien. Diesmal standen Unternehmensportale, E-Learning, Wissensmanagement, geschäftskritische Internetservices, E-Business-Lösungen und „Software as a Service" im Zentrum. Mit neuen Test-, Support- und Consulting-Dienstleistungen wurde das Angebotsspektrum für die Kunden erweitert. Als sich dann im Jahr 2004 das Web 2.0 entwickelte, war das Unternehmen wiederum an vorderster Innovationsfront dabei und gilt heute als führendes Unternehmen für Web 2.0-Anwendungen.

Innovation ist mehr als die Suche nach neuen Produkten und Lösungen. Die T-Systems Multimedia Solutions GmbH hat Innovation in der DNA des Unternehmens verankert. Ein enge Kooperation mit der TU Dresden ist die Basis für eine kontinuierliche Erneuerung der Wissensbasis, in die auch Einrichtungen wie die Fraunhofer-Gesellschaft und das Stanford Research Institute (SRI) eingebunden wurden. Das Zusammenspiel zwischen Forschung und der Umsetzung der Forschungsergebnisse in der Unternehmenspraxis eröffnete vielfältige Wettbewerbsvorteile. Im Dialog mit der Wissenschaft wurden Anregungen für die Gestaltung und Bereicherung des Leistungs- und Lösungsangebotes für Kunden generiert. In einer Vielzahl an Kooperationen mit Hochschulen und Forschungseinrichtungen wurden sowohl IT- als auch Management-Themen als Basis für den nachhaltigen wirtschaftlichen Erfolg bearbeitet. Mit dem Dresdner Zukunftsforum wiederum leistet die T-Systems Multimedia Solutions GmbH einen aktiven Beitrag zur digitalen Wissensökonomie und ermöglicht immer wieder für eine breitere Öffentlichkeit attraktive Einblicke in kommende Innovationen.

Der Erfolg eines Unternehmens wird von engagierten und kreativen Mitarbeiterinnen und Mitarbeitern getragen. Um erfolgreich zu sein, braucht ein Unternehmen daher nicht nur innovative Technologien, sondern auch innovative Arbeitswelten und Führungsstrukturen. Die T-Systems Multimedia Solutions GmbH hat hier nicht nur in der IT-Branche neue Maßstäbe mit Themen wie Arbeitszeitmanagement, Office-Konzepte, Mitarbeiterbeteiligung und Qualifizierung gesetzt. Lebendiges Qualitätsmanagement und das kontinuierliche Streben nach Business Excellence wurde im Jahr 2006 durch den Gewinn des Ludwig-Erhardt-Preis dokumentiert. Die European Foundation for Quality Management (EFQM) zeichnete die T-Systems Multimedia Solutions im Jahr 2005 mit dem EFQM Excellence Award in der Kategorie „Ständiges Lernen, Innovation und Verbesserung" und im Jahr 2006 in der Kategorie „Mitarbeiterentwicklung und -beteiligung" aus. Im Jahr 2008 wählte die EFQM die T-Systems Multimedia Solutions GmbH als Best Practice-Fallstudie „Balancing Opposites: Delivering on Innovation" zum gezielten Austausch von Ansätzen der Organisationsentwicklung im Strategiekontext aus.

Das vom Bundesministerium für Wirtschaft und Technologie geförderte Projekt „Exzellente Wissensorganisation" zeichnete die T-Systems Multimedia Solutions GmbH im Jahr 2009 als ein Unternehmen aus, das den Umgang mit Wissen und Informationen besonders gut organisiert hat. Im Jahr 2010 ist die T-Systems Multimedia Solutions GmbH ein Erfolgsbeispiel für ein modernes und offenes, auf Kollaboration und Partizipation ausgerichtetes Unternehmen. Als Erfolgsbeispiel für ein Enterprise 2.0 sind Web 2.0-Technologien wie Blogs, Wikis, Social Bookmarking und Tagging in die Geschäftsprozesse integriert. Der Weg in die Zukunft wird heute mit neuen Formaten wie Open Space Workshops und Barcamps unter der Beteiligung der Mitarbeiter und einer Vernetzung mit Partnern und Kunden gesucht.

Die Tradition von innovativem, kreativem Denken und Handeln in Verbindung mit einer unternehmerischeren Vision wird mit diesem Buch fortgesetzt. Wir wünschen allen Lesern viel Freude beim Entdecken von neuen Innovationspotenzialen und Zukunftschancen.

Grußwort

VON **DR. HAGEN HULTZSCH**
UND **PROF. DR. KURT BIEDENKOPF**

In den vergangenen 15 Jahren hat sich Sachsen zu einer Innovationsschmiede für Hightech entwickelt. Hard- und Software »made in Sachsen« sind weltweit zu einem Markenzeichen für zukunftsträchtige Ideen und deren Umsetzung geworden. Beigetragen dazu hat auch die T-Systems Multimedia Solutions GmbH. Das Unternehmen wurde 1995 in Dresden gegründet und ist das Ergebnis des gemeinsamen Zieles von Deutscher Telekom und Bundesregierung, in den Neuen Ländern zukunftssichere Arbeitsplätze aufzubauen: Von anfänglich 50 ist die Belegschaft auf heute deutlich über 500 hochqualifizierte und engagierte Mitarbeiter angewachsen.

Der Erfolg von Unternehmen wie der T-Systems Multimedia Solutions GmbH und der ganzen Region ist nicht das Ergebnis einer von Politikern gewünschten oder von der Regierung „verordneten" Entwicklung. Als die Föderalismuskommission vor rund 15 Jahren beschloss, Dresden zu einem Ankerpunkt für Wissenschaftler und Ingenieure aus dem Bereich Telekommunikation und Hightech zu entwickeln, war der darauf folgende Aufstieg keinesfalls vorprogrammiert. Die Politik konnte dafür das passende Umfeld schaffen – und hat dies auch getan. Ohne innovationsstarke Unternehmen und ihre Mitarbeiter und die von Anfang an enge Zusammenarbeit mit Institutionen wie der TU Dresden aber hätte der Nährboden für die einzigartige Entwicklung der Region gefehlt. Vor allem sind es die Menschen, die hier leben: Immer wieder durften wir ihr technisches Interesse, ihre Technikbegeisterung und ihre Art, perspektivisch zu denken, kennenlernen: Sachsen wird erst durch sie zum Technikland, in dem innovative Unternehmen wie die T-Systems Multimedia Solutions GmbH fest verwurzelt sind.

Denn trotz aller Vernetzungsmöglichkeiten, die uns die Verbindung von Internet und Multimedia-Services bietet: Es ist und bleibt selbst für Unternehmen, die für und mit der virtuellen Welt arbeiten, entscheidend, sich auch „leibhaftig" mit der Region zu verknüpfen. Den positiven Effekt zeigen beispielsweise die vorbildhaft funktionierenden Partnernetzwerke, in welche die T-Systems Multimedia Solutions GmbH eingebunden ist. So wird in sächsischen Partnernetzwerken wie Silicon Saxony nicht nur der intensive Austausch von Erfahrungen und Erkenntnissen gepflegt, die sächsischen IT-Unternehmen empfehlen auch gute Bewerber einander und steigern so die Attraktivität der Region im Wettbewerb um Talente.

Um die marktprägenden Positionen der neuen Industrien für die Wissensgesellschaft weiter zu stärken, wird es zukünftig notwendig sein, auch globalen Ansprüchen gerecht zu werden. Die Welt wird weiter zusammenwachsen. Für die Zukunft Deutschlands ist es deshalb wichtig, dass Firmen und Konzerne Wege finden, Märkte und Marktchancen weltweit zu erkennen und für sich zu nutzen. Unternehmen mit einer soliden und auf die Zukunft ausgerichteten Strategie, mit Mut und mit Mitarbeitern, die ihr Knowhow mit Begeisterung für Technik und betriebswirtschaftlichem Denken verbinden, haben dabei entscheidende Marktvorteile. Auch deshalb sind wir uns sicher, dass sich die sächsische Erfolgsgeschichte fortsetzen und die T-Systems Multimedia Solutions GmbH darin eine feste Größe bleiben wird. In welchen Bereichen und auf welche Art und Weise sich dabei das Internet, das World Wide Web, Innovationskraft und unternehmerische Visionen verbinden können, zeigt das vorliegende Buch.

Wir wünschen allen Lesern einen hohen Erkenntnisgewinn und eine weiterhin große Lust auf Innovation.

Inhalt

Security & Risikofaktoren

MICHAEL FERTIK:
Protecting Your Online Identity & Managing Social Profiles — 16

Identitäten im Netz

WOLFGANG HÜNNEKENS:
Social Media — Die Ich-Sender schaffen Mehrwert — 24

Lernen & Wissen der Zukunft

PROF. PETER FRIEDRICH STEPHAN, PROF. DR. DR. THOMAS SCHILDHAUER:
Die Gestaltung künftiger Wissensräume — 32

Digitales er_Leben

MARKUS ALBERS:
Machen statt tweeten — 40

DION HINCHCLIFFE:
The Global Transformation to Social Business — 46

SIMONE HAPP, FRANK WOLF:
Unser Alltag im Internet — Wenn Märkte (wider-)sprechen lernen — 54

Gesellschaft & Information

PROF. CLAY SHIRKY:
Newspapers and Thinking the Unthinkable — 66

DR. MARTIN OETTING:
Medienrevolution — 76

Webonomics

PROF. DR. OLIVER GASSMANN:
Open Innovation: Hebelwirkung in einer flachen Welt erzielen — 84

PROF. DR. PROF. DR. RALF REICHWALD, PROF. DR. FRANK PILLER:
Customer Co-Creation: Interaktive Wertschöpfung zwischen Unternehmen und Kunden — 90

DR. FRANK SCHÖNEFELD:
Lang lebe das Enterprise 2.0: Ein Rezept gegen die sinkende Lebenserwartung von Unternehmen — 98

Technologien & Anwendungen

DR. KLAUS HOLTHAUSEN, ROY UHLMANN:
106 Serendipität hervorgerufen durch semantische Technologien und hieraus entstehende Geschäftsmodelle und Prozesse

PROF. DR. ALEXANDER SCHILL:
114 Internet der Dienste – Vision und Herausforderung

Mobilität & neue Benutzerschnittstellen

PROF. DR. DR. THOMAS SCHILDHAUER:
122 Intelligente Objekte: „Ambient Assisted Living", acatech-Projekt

Kunst & Kultur

DR. KLAUS NICOLAI:
132 European Tele-Plateaus – Vernetzte Orte der Echt-Zeit-Begegnung und Co-Produktion

Roots & Basics

PROF. DR. LEONARD KLEINROCK:
142 A Vision for the Internet
146 The History of a Pioneer of the Early Internet

Trends

PROF. DR. DR. WOLFGANG WAHLSTER:
156 Das Ende vom Anfang – Zur Weiterentwicklung von Internet und Web

RAY KURZWEIL:
162 The Singularity is Near: When Humans Transcend Biology

PROF. DR. HERBERT W. FRANKE:
176 Neue Medien – über 2010 hinaus

180 Danksagung
184 Autorenverzeichnis
198 Quellen- und Bildverzeichnis

C

Security & Risikofaktoren

Protecting Your Online Identity & Managing Social Profiles:
A Glimpse Around the Virtual Corner

BY **MICHAEL FERTIK**

Chances are, if you're reading this, you're already on Facebook and LinkedIn and you're checking out Twitter. You're also probably on a few legacy social media sites that you don't use quite as much anymore. Got an old Flickr or Photobucket account, either one you have set up or one to which your sister has invited you to see pictures of her kids? A MySpace profile? Okay, maybe not MySpace, but you might have had an AOL or Prodigy username back in the day. Remember that Friendster profile, especially if you're in the 32 to 35 year-old band with whom the service was so popular ten years ago? Did you have a GeoCities page? If you were enamored with Google products at one point, or if you happen to have lots of friends in Brazil, you might have been on Orkut at one time, or perhaps you used Picasa when some friends posted snaps of a ski trip. You may not spend as much time listening to music as you did four years ago, but your Last.fm account remembers all of your preferences, at least as you had them back then. Flixster is hanging on to your move in case you want to log on again. Ever dated online or posted a review on Amazon or Yelp? Do you even remember the passwords you created for each of these sites?

Social networking sites are certainly enjoyable. And all of them, including some on which you haven't even registered – remember everything about you. The sites we use and the sites we no longer use establish our personal digital footprints. It's fun to look back on five or ten years' worth of digital memories, but these "virtual scrapbooks" and the profiles we create are also constituent parts in a permanent electronic record that social media is now making public – and importantly, this information is often incomplete, selective and vulnerable to misunderstanding and impersonation. In my line of work, I see this happen all the time to good, undeserving people. It takes only 30 seconds for an employer to Google you to make up his or her mind as to who you are and how the interview is going to end, or whether it's going to begin in the first place. It takes the same extremely short amount of time for someone to slam you on the Web in a Google-juicy kind of way, or to impersonate you on a social networking page.

www.nytimes.com/2009/03/16/technology/internet/16privacy.html?_r=1

The FTC and others are waking up to the power of behavioral ad targeting, which is exactly what it sounds like: companies with huge amounts of data about you (think Google, Facebook etc.) now possess the capacity to serve up ads that are highly specific and relevant to your online activity and preferences. For example, on your social networking page, you've identified yourself as a 30 year old living in Redwood City California, a graduate of the University of Wisconsin, and a fan of Barack Obama and the Greek poet, Cavafy. Four of your friends are in a group that does „baby yoga". Though you haven't described your job on your own profile, thirty of your friends have listed their professional affiliations. Pretty soon, you're seeing ads for massive diamond rings, wedding magazines, couples' counseling, sushi restaurants in Redwood City, and scuba vacations to Hawaii. Borrowing from online and offline databases, the people in charge of marketing products to you will have a running chance of figuring out your income, your life stage and, more fuzzily, your tastes. While these particular examples don't worry me as much as they would my mother, behavioral targeting is just the first step. I'm more concerned about something that isn't on the radar yet.

Here's what's next: soon, companies (and governments and people) will start to use evidence computationally aggregated from social media sites to make decisions about you that affect your lives. Today, they can use information gathered directly from Google, Facebook, and other sources to make those decisions. If you talk about doing keg stands on your social networking page, you might not get hired. Fair enough. But that's the version 0.5 application of what I'm talking about. Shortly, we'll see version 1.0. The data stored inside social networking sites will be collected and used to determine if you are eligible for health insurance coverage, for educational opportunities, or for discounts on coveted consumer desiderata.

I'm on the record saying that soon insurance companies will be able to make decisions as to whether or not to offer you coverage based on your Web activity. Recently, the world saw the beginning of this; a woman was denied medical benefits based on photos that appeared on her Facebook page. Again, this is version 0.5 of what is to come. Version 1.0 of Internet data exploitation will be more comprehensive. Here's one hypothetical scenario. If your emails contain references to breast cancer fundraising, if you're of a certain age or if you have participated in an online discussion forum about breast cancer, there are digital footprints connecting you to a terrible affliction that can be cross-referenced to actuarial tables that put you at higher risk of suffering from breast cancer one day. So now, your name gets on a list that is distributed to insurance companies that then charge you higher premiums for medical insurance coverage. Frightening, yes, but it follows the simple logic of commerce in the free market. A company looking to mitigate risk and maximize profit will start to use the data sets that are available to them to make the best decisions they can for their own purposes.

Yup, the machine is getting smarter, and as a society, we want to get all the myriad social scientific benefits we can from aggregated data streams about human behaviour. But, unwelcome consequences often come with it. Putting together the bits and bobs from all we've accumulated on social networks into one, aggregated narrative can paint a detailed picture for third parties, whatever their intent.

So what can you do to prepare for the future? What can you do to maximize your control over your digital footprint? Here are some clear steps to get you started:

www.reputationdefenderblog.com/2009/08/04/michael-fertik-discusses-google-and-invasion-of-privacy-on-fox-friends/

www.reputationdefenderblog.com/2009/11/20/woman-loses-despression-sick-leave-benefits-over-vacation-photos/

What can you do to maximize your control over your digital footprint?

1. Take the time to remember ALL the social networks for which you've signed up. They are all part of your digital footprint.
—
2. Try to recall (or recover) the passwords you had for each of the profiles you created. Either update them or erase the information you no longer want to share, but don't let them remain obsolete.
—
3. Grab your name on all the social networks that open up. Claiming your personal username real estate on social networks prevents people from impersonating you later and allows you to create the digital footprint you want — with the maximum Google power that comes from having your real name in the headline or URL — if you ever decide to use them. You don't need to use all of the social networks, but it makes sense to grab your name on them for the future, just in case.
—
4. Be careful what you post. Be careful about how much you post about your travel and purchase habits. Recently, a [group of teenagers were arrested in LA](http://articles.latimes.com/2009/nov/07/local/me-celebrity-burglaries7) for robbing the homes of celebrities whose day-to-day goings and comings were visible on various Websites. The kids allegedly waited until the celebrities were meant to be out of the house and then they broke in. There's no reason this can't happen to everyday people who are tweeting about their two-week vacations or posting live photos from the beaches of Acapulco. The moral here is that managing your digital reputation is part and parcel of managing your personal digital footprint, your personal digital security.

Ultimately, social networking sites can serve as huge boons to your online identity and reputation, but they must be carefully managed, controlled and protected. Information about us online exists indefinitely and can be found by anyone willing to take the short amount of time a basic search requires. If you participate in social networks, stay on top of the profiles where your name appears on the Web and the content you are associated with. This will help to maintain your online reputation and paint the best possible picture for potential employers, customers, and colleagues, as well as your Web audience at large. <

http://articles.latimes.com/2009/nov/07/local/me-celebrity-burglaries7

further link:
http://reputationdefender.com/

Identitäten im Netz

Social Media – Die Ich-Sender schaffen Mehrwert

Wie Werte durch werteorientierte Kommunikation
den Weg in unseren Alltag finden

VON **WOLFGANG HÜNNEKENS**

Barack Obama hat wohl den endgültigen Ausschlag gegeben: Nach seiner wegweisenden Social-Media-Offensive im US-Präsidentschaftswahlkampf war zumindest Twitter in aller Munde. Hatte der Dienst die Jahre davor doch eher ein Orchideendasein gefristet – ganz schön, aber auch sehr selten. Der US-Präsidentschaftskandidat setzte sehr erfolgreich auf Social Media. Durch Twitter etwa gab er den Menschen das Gefühl, mit jedem einzelnen persönlich in Kontakt zu stehen – schnell und direkt. Das hat den Menschen, das hat seinen Wählerinnen und Wählern gefallen und hat nicht zuletzt zu seinem Siegeszug ins Weiße Haus geführt.

Auch in Deutschland wird es langsam den Menschen und auch den Medien bewusst, dass Social Media mehr sind als nur eine Spielerei von „Nerds" oder technikverliebten Studenten. Social Media erlauben eine direkte Form der Kommunikation, die in dieser Form schon fast in Vergessenheit geraten ist. Es ist eine direkte Form des Zuhörens, des Aufeinandereingehens, die es, meiner Meinung nach, eigentlich nur im persönlichen Gespräch gibt. Mit Social Media können nun auch wir ganz normalen Menschen, Präsidentschaftskandidaten oder auch Unternehmen sehr direkt mit anderen Interessierten ins Gespräch kommen. Mein persönlicher Blick in die Glaskugel: Es werden auf Dauer keine Mittler oder Sprachrohre mehr gebraucht, keine Anzeigen oder Funkspots. Die Worte jedes Einzelnen erreichen durch Social Media direkt den Empfänger. Klassische Werte oder Tugenden werden wieder wichtig: Zuhören, nicht zu forsch oder vorlaut auftreten, das Gehirn einschalten, bevor man etwas in die Welt hinausposaunt. Denn der Empfänger, die berühmte Community, hat jederzeit die Möglichkeit, schnell und hart zu reagieren, und nutzt diese Möglichkeit auch. Selbst eine einzelne Person kann einen internationalen Multi in die Knie zwingen. Das klingt jetzt unglaubwürdig? Ich gebe Ihnen mal ein Beispiel: 2008 reiste eine nur eingefleischten Fans bekannte, kanadische Country-Band von ihrer Heimat Nova Scotia nach Nebraska in den USA. Wären sie arttypisch mit dem alten VW-Bus gereist, wären sie heute nicht berühmt. Was war passiert? Chicagos O'Hare Airport ist einer der größten der Welt. Hier mussten die wackeren kanadischen Musiker nun umsteigen. Ein Blick aus dem Kabinenfenster ließ den „Sons of Maxwell" das sprichwörtliche Herz in die Hose rutschen: Das Bodenpersonal ging mit dem Gepäck nicht so pfleglich um, wie es der gemeine Passagier an sich erwartet. Kurz, eine Dreitausend-Dollar-Gitarre überlebte diese besondere Form der Behandlung nicht. Es ist müßig, nun die einzelnen Stationen des Beschwerdemartyriums zu beschreiben, das in einem finalen „No" von United Airlines gipfelte. Das wollte Dave Carroll nicht auf sich sitzen lassen. Er komponierte eine eingängige Melodie und stellte sie zusammen mit einem humorvollen Text und einem ebensolchen Video im Juli 2009 bei YouTube ein. Carroll hatte nicht nur mit seiner Musik den Nerv der YouTube- und Twitter-Gemeinde getroffen, sondern auch mit dem Thema: Binnen weniger Tage wurde das Video von Millionen Menschen gesehen und verschickt – übrigens bis heute mehr als 6.5 Millionen Mal. Das hatte auch erhebliche Auswirkungen auf die Fluggesellschaft. „United breaks guitars" ließ den Aktienkurs signifikant abstürzen und löste eine Welle des Unmuts unter Fluggästen in aller Welt aus. Was lernen wir daraus: Auch ein Einzelner kann, wenn er die Social-Media-Klaviatur richtig zu nutzen weiß, einen ganz Großen in Schwierigkeiten bringen – und dabei auch noch zu einiger Berühmtheit gelangen.

http://bit.ly/YJurB

Natürlich geht es nicht immer darum, dass ein Kleiner einen Großen in die Knie zwingt. Es ist nur ein Beispiel und zeigt so die Macht von Social Media für den alltäglichen Gebrauch. Unternehmen können direkt mit ihren Kunden in Kontakt treten, sich Wünsche und Nöte unmittelbar anhören und viel schneller reagieren. Andererseits werden Neuigkeiten auch viel schneller und viel direkter verbreitet, denn es gibt mit Social Media ja nun tausende Möglichkeiten und Kanäle.

A Client of mine is using YouTube to combat poor customer service at united airlines. Great music video, Plz RT
http://bit.ly/YJurB

5:06 AM Jul 7th from TweetDeck

 rockitdev
Ryan Moore

Ganz wichtig ist meiner Einschätzung nach, sich immer Folgendes zu vergegenwärtigen: Beim Social-Media-Marketing geht es letztlich um gutes Image ... In der Online-Welt steht die Marke des Users im Rampenlicht. Was er tut, wie er interagiert und wie er reagiert (ganz zu schweigen von dem, was er nicht tut) wird beobachtet, kritisiert – und bei Google verewigt!

Denn heutzutage geschieht die erste Interaktion eines potenziellen Kunden im Suchfeld der Suchmaschinen. Vor allem Google ist da für Deutschland relevant und wird sicher auch durch die neu geschaffene visuelle Suchmaschine „Google Goggels" seine Position behaupten. Die Suchmaschine findet in Zukunft relevante Hinweise zu einem Objekt auf einem Foto, das ist eine wirklich neue Dimension und man darf sehr gespannt sein, wie sich das weiter entwickelt.

http://www.google.com/mobile/goggles/#landmark

Wenn also der Social-Media-Willige der Situation keine Beachtung schenkt, was bei den Top 10-Suchergebnissen über seine eigene Marke gesagt wird, wie könnte er dann von sich behaupten, er würde „sich einbringen" oder seine Marke in eine positive Richtung führen? Es heißt „wer suchet, der findet", wer aber schnell gefunden wird, der hat sicher den meisten Umsatz. So ist Google die neue Homepage einer jeden Marke.

Der zweite wichtige Punkt: Social Media bedeutet „Kommunikation teilen" und das wollen immer mehr „Ich-Sender" – also Menschen, die nicht nur passiv konsumieren, sondern aktiv mitreden wollen. Doch vor dem Mitmachen sollte man zuhören, den Markt und die Community beobachten und sich dann erst einbringen. Der Trick bei Social Media besteht darin, den Followern mehr Nutzen zu bieten als man von ihnen erwartet.

Drittens, Social Media bestehen aus einem bunten Strauß an Maßnahmen. Sinnvoll ist es, viele Kanäle zu nutzen. Das heißt für mich, im Dienste der eigenen Marke zu bloggen, zu twittern oder in Foren zu kommunizieren, aber auch ein persönliches Facebook-Profil oder eine -Gruppe kann eine sinnvolle Ergänzung sein. Dabei sollte man unbedingt auf die Konsistenz der Daten und Angaben achten! Merke: Das Internet vergisst nie und Bilder von der Teilnahme an studentischen Massenbesäufnissen zum „Spring break" sind nur bedingt Teil einer seriösen Selbstdarstellung.

Wichtig sind für mich auch die Netze, die sich der Kommunikation bestimmter Zielgruppen verschrieben haben. Schüler und Studenten sind bei Schüler- und StudiVZ zu finden, Businesskontakte macht man heute eher bei XING und LinkedIn. Achtung: Neben der zielgruppenorientierten Ansprache ist es wichtig, auf die Konsistenz der diversen Profilseiten zu achten.

Nicht zuletzt: Social Media sind nicht nur ein hervorragender Weg, um Kontakte zu knüpfen und mit Menschen ins Gespräch zu kommen. Sie bieten darüber hinaus auch die Möglichkeit, Ideen zu generieren, die Weisheit der Vielen zu nutzen. Ideenplattformen wie das Berliner Start-up Jovoto zeigen, dass es möglich ist. In nur einem Jahr seit dem Rollout haben sich schon über 10.000 Kreative aus der ganzen Welt registrieren lassen und entwickeln gemeinsam kreative Ideen für Produkte, Werbung und das Internet, und das für wirklich namhafte Kunden. Wenn es Sie interessiert, empfehle ich Ihnen sich das einmal anzuschauen, auch wenn ich glaube, dass in diesem Bereich die Möglichkeiten noch lange nicht ausgeschöpft sind.

www.jovoto.com

Meine Vision von der Zukunft der Social Media? Eins ist sicher: Social Media ist bestimmt keine „Eintagsfliege", wie so manche behaupten. Social Media ist die Beschreibung für einen Veränderungsprozess in unser aller Kommunikation. Die Kommunikationsrichtung ändert sich immer schneller. Aus dem „one to many" wird immer mehr ein „many to one".

Dank Social Media können heute VIELE (auch gemeinsam) Einzelne informieren oder aber jeder EINZELNE ist in der Lage, als „Ich-Sender" seine Meinung zu bestimmten Dingen öffentlich (also an ALLE) zu kommunizieren, ohne ein klassisches Medium dafür zu benutzen. Das alles zu erheblich niedrigeren Kosten als bisher. Hier potenzieren sich die Möglichkeiten der Information. Diese neue Form zu kommunizieren schafft auch ganz neue Formen der Zusammenarbeit und der Wissensbereitstellung. Das Thema Crowdsourcing und Enterprise 2.0 wird bedingt durch Social Media und Communitys neue und bessere Formen der Wertschöpfung schaffen.

Wo wird also die Reise hingehen? Meiner Meinung nach werden die Menschen und Unternehmen immer besser, einfacher und schneller kommunizieren können. Aber sie werden auch gläserner. Hier heißt es stets gut zu überlegen, was kommuniziert wird und warum. Wir sollten uns also wieder mehr auf unsere Werte besinnen und nachdenken bzw. vordenken, was wir wann wem warum erzählen. Letztendlich werden Social Media nicht nur die Kommunikation nachhaltig verändern – und haben es auch schon getan – sondern auch die Formen des Zusammenarbeitens. Irgendwann – in gar nicht ferner Zukunft – werden vielleicht Impfstoffe, Baupläne oder Flugzeuge von tausenden oder gar Millionen Menschen aus aller Welt gemeinsam entwickelt. Das kann bedeuten, dass eine solche neue Form der Zusammenarbeit für unsere Gesellschaft wichtig und wertvoll werden kann. Ich bin mir ganz sicher: Wir werden es noch erleben! ‹

Lernen & Wissen der Zukunft

Die Gestaltung künftiger Wissensräume
Eine Aufgabe des Cognitive Design[1]

VON **PROF. PETER FRIEDRICH STEPHAN**
UND **PROF. DR. DR. THOMAS SCHILDHAUER**

Die Rede vom Raum ist allgegenwärtig. So wird von Vorstellungs- und Handlungsräumen, Daten- und Wissensräumen gesprochen, die es mit Bezug auf die neuen Möglichkeiten und Notwendigkeiten der digitalen Technik zu gestalten gilt. Häufig bleibt dabei jedoch unklar, was jeweils gemeint sein soll und wie hier vorzugehen ist.

Die Begriffsverwirrung ist schon älter und brachte Rudolf Carnap dazu, schon 1922 zwischen dem formalen Raum, dem Anschauungsraum und dem physischen Raum zu unterscheiden[2]. Heute gilt es, die jeweiligen Anforderungen an logische Strukturen, ästhetische Erscheinung und soziale Nutzung in ihren Wechselwirkungen zu verstehen. Die integrative Gestaltung von Räumen als enabler für Wissensarbeit wird damit zur Aufgabe des Cognitive Design.

Die tradierten Formate von Wissensräumen wie Bibliothek, Museum und Science Center erfahren dabei eine Erweiterung und Neuformatierung in Richtung ambiente und hybride Informationssysteme. Die materielle, soziale und mediale Konstruktion von Wissen wird so unter neue Randbedingungen gestellt, die geeignet sind, den Begriff und Wissen und Wissensarbeit wesentlich zu verändern.[3]

Allerdings sind gegenwärtige Planungen in der Regel nicht auf dieses neue Paradigma eingestellt. Auch anspruchsvolle Projekte wie das geplante Humboldt-Forum im künftigen Berliner Stadtschloss lassen solche Qualitäten noch vermissen.[4] Daher erscheint es sinnvoll, diesen Ansatz als Forschungsfrage zu formulieren, die am Beispiel künftiger Bibliotheken exemplarisch bearbeitet wird.[5] Auf der Basis vorhergehender Forschung zum Thema „Intelligente Objekte" wurden sechs neue Funktions- und Gestaltungsbereiche gefunden:

1. Präsenz von Information
2. Erfassung von Kontext
3. Automatisierte Funktionen
4. Geordneter Zugang
5. Erweiterung des Handlungsrepertoires
6. Einbindung Intelligenter Objekte

Diese werden im folgenden Szenario exemplarisch entwickelt.

Ambient Hybrary – Ambiente Informationssysteme in hybriden Bibliotheken

Die Ambient Hybrary integriert physische, soziale und informationelle Qualitäten.

Szenario

Die Netzrecherche hatte eine Vielzahl von Dokumenten geliefert. Offensichtlich war das Thema „Frühe Siedlungsformen der Spanier in Südamerika" schon gut erforscht. Die Forscherin suchte aber nach Verbindungen zu heutigen Fragen der Architektur und kam damit nicht recht weiter. So entschloss sie sich zu einem Besuch der Ambient Hybrary.

Am Eingang steckte sie sich ihren Token ans Revers. So wurde sie vom System erkannt und auf einem Screen individuell begrüßt: „Guten Tag, Frau Sommer. Beim letzten Mal haben Sie sich für amerikanische Architekturtheorie und Musikgeschichte des Mittelalters interessiert. Dazu gibt es Neuerwerbungen. Deren Abstracts sind in Discours Markup Language (DML) verfügbar." Sie lud die DML-Dokumente auf ihren Token, um sie später anzusehen. Ein Blick auf das Raumdisplay zeigte die Aktivität der anwesenden Nutzer. Auf den ersten Blick sah die Darstellung aus wie der Blick durch ein Teleskop: Leuchtende Punkte und farbige, unscharf konturierte Körper in einem dunklen, unbegrenzten Raum. Kometengleiche Spuren führten zu Clustern von Leuchtpunkten, deren thematische Schwerpunkte u.a. als „Klima", „Stadtschloss" und „Olympia" angegeben wurden.

Die Forscherin suchte sich einen Sitzplatz und rief ihre Netzrecherche vom Abend vorher auf, die mit den vorhandenen Medienbeständen, den anwesenden Personen und ihren bisherigen Aktivitäten abgeglichen wurde. Auf dem Raumdisplay erschien ein kleiner Punkt: „Frühe Siedlungsformen der Spanier in Südamerika". Der Meme-Tracker erzeugte nun verschiedene Verbindungen. Die schon aus dem Netz bekannten Quellen erschienen abgedunkelt am Hintergrund ihres Displays. Weiter vorne waren Buchtitel zu sehen, die sie noch nicht kannte. Am interessantesten waren für sie jedoch die angebotenen Kontakte zu anderen Nutzern. Offensichtlich war ein Doktorand vom Südamerika-Institut anwesend, der sein Profil auf „ansprechbar" gestellt hatte. Sie aktivierte einen Request und bekam die Antwort: In 10 Minuten am Reactable.

So konnte sie vorher noch die DML-Dokumente vom Token anzeigen lassen. Es zeigte sich, dass in den umfangreichen Neuerscheinungen zwar einige unbekannte Daten enthalten waren, aber die Argumentationsketten im Wesentlichen bekannt waren. Manche Autoren schienen in ihrer gesamten wissenschaftlichen Laufbahn mit drei Thesen auszukommen. Diese wurden dann in immer wieder neuer Gestalt in Dutzenden von Büchern präsentiert. Kein Wunder, dass es früher in der Forschung so langsam vorangegangen war!

Sie selbst hatte ihre Publikationen schon vor einiger Zeit auf das Format 1 Leben – 1 Text umgestellt. Zwar war es erschreckend gewesen, aus der Vielzahl ihrer Artikel nur so wenige originelle Gedanken destillieren zu können. Aber es hatte sie die Lage versetzt, nichts mehr wiederholen zu müssen und fast ohne Redundanz zu schreiben. Bezüge auf früher behandelte Themen wurden automatisch erkannt und als Hyertext-Anschluss angeboten, während häufig genutzte Quellen herausgehoben dargestellt wurden. In den Annotations zu ihrem Text-Modell fand sie daher immer häufiger qualifizierte Kommentare und Verweise zu interessanten Personen.

Gerade legte sie ihr mitgebrachtes Buch auf dem Tangible Book Reader, da blinkte ihr Token auf. Es meldete sich eine Kollegin, deren Annotations sie aus dem Netz kannte und die ebenfalls die Hybrary besuchte. Sie nannte ihr ebenfalls den Treffpunkt Reactable. Der Tangible Book Reader hatte inzwischen ihre Anmerkungen in den Randspalten des Buches analysiert und mit denen anderer Nutzer abgeglichen. Daraus folgten Empfehlungen zu weiteren Netz- und Buchquellen, die sie sich auf Ihren Token lud.

Jetzt machte sie sich auf den Weg zum Reactable. Das war immer ein Gefühl wie bei einem Blind Date, auch wenn sie die Profilbeschreibung des anderen vorher eingesehen hatte. Auf Konferenzen waren sie der begehrteste Anlaufpunkt, durch den man sich ermüdende Referate ersparte und sofort mit Gleichgesinnten arbeiten konnte.

Die Reactables standen etwas abseits der Lesezonen, damit die hier oft lebhaft verlaufenden Gespräche nicht störten. Drei der zehn Tische waren besetzt. Laut Wanddisplay sprachen Biologen über einen Aminosäurenzyklus und Studenten stritten über Designtheorie. Am supportable wurden Senioren mit den Systemen bekannt gemacht.

Die drei Gesprächspartner legten ihre Tokens auf den Reactable. Neben den Profilen wurden jetzt die wichtigsten Thesen und Arbeiten der drei angezeigt. Im Hintergrund analysierte das System mögliche Verbindungen. Im Gespräch zeigte sich schnell, dass es mehrere thematische Verbindungen vom frühen Siedlungsbau der Spanier in Südamerika zu aktuellen Fragen der Architekturtheorie gab. Dazu gehörten die Planungsmethode mit rasterförmigen Grundrissen, die technische Verarbeitung der Baustoffe und ökonomische Fragen der Landaufteilung. Mittlerweile hatte das System eine historische Quelle recherchiert, die keiner der drei kannte.

Es waren die Proceedings einer Tagung, die vor einigen Jahrzehnten verwandte Themen behandelt hatte. Damals waren die Ergebnisse noch in zweidimensionalen Texten dokumentiert worden. Daher aktivierten sie den

Summarizer, der einige hundert Seiten Text auf für sie relevante Teile durchsah und Anschlusspunkte für ihre aktuellen Fragen auswies. Die betreffenden Stellen wurden vom Discourse Visualizer in die aktuelle 4D-Darstellung gebracht, die den chronologischen Verlauf der damaligen Diskussion zeigte.

Alle kopierten diese Darstellung auf ihre Tokens und gaben sich gegenseitig Leserechte für die individuellen Skizzenräume. Hier wurden spontane Gedanken notiert, aus denen durch Fortschreibung Dritter schon häufiger die entscheidenden Fortschritte abgeleitet wurden.

Um die neuen Gedanken sogleich zu notieren, suchte sie sich wieder ein Display und öffnete den Skizzenraum. Hier konnte sie die gerade gewonnenen Einsichten ungeordnet festhalten. Die Metadaten vom Token würden diese Skizzen kontextualisieren und im Archiv auffindbar machen.

Im Annotationsraum ihres Theorieobjektes zeigte der Discourse Visualizer rege Diskussionen an. Die wichtigsten Argumente ließ die Forscherin in den Rhetorikraum übertragen, der den Stand der Diskussion für die allgemeine Öffentlichkeit präsentierte. <

Weitere Links:
http://www.peterstephan.org/

Internet

TV

13 Jahre   5 Jahre   38 Jahre

Das Radio hat 38 Jahre gebraucht, um sich 50 Millionen Nutzer zu erobern, das Fernsehen benötigte 13 Jahre und das Internet schaffte das Gleiche in fünf Jahren.

Digitales er_Leben

Machen statt Tweeten

VON **MARKUS ALBERS**

Lassen Sie mich zum Anfang ein Geständnis ablegen: Als ich vorgestern mit dem Baby im Kinderwagen allein spazierengegangen bin, habe ich im Park angehalten und mit dem iPhone meine E-Mails gecheckt. Berufliche Mails. Eine habe ich sogar beantwortet. Nun ist es raus. Und wo ich schon mal dabei bin: Ich habe auch die Nachricht von der Geburt über Twitter und Facebook verbreitet. Habe für Freunde und Familie ein Tumblelog angelegt, damit sie stets die neuesten Bilder und Videos des Babys anschauen können. Ich skype am Wochenende mit den Großeltern, statt sie ständig zu besuchen. Bin ich ein unkonzentrierter Rabenvater, ein technophiler Grobian? Hat Social Media mich asozial gemacht? Vermantscht das Internet womöglich gar, wie FAZ-Herausgeber Frank Schirrmacher neulich warnte, so langsam mein Gehirn?

Die gesellschaftliche Akzeptanz neuer Technologien erfolgt in Wellen der Paradoxie. Wir lieben die digitalen Kommunikationsmittel, aber wir haben zugleich oft das Gefühl, dass das ständige Posten, Updaten, Mailen und Twittern Züge unkontrollierten Suchtverhaltens annimmt. Dagegen entwickelt sich Maschinenstürmerei allerorts: In seinem aktuellen Buch erklärt Schirrmacher, „warum wir im Informationszeitalter gezwungen sind zu tun, was wir nicht tun wollen, und wie wir die Kontrolle über unser Denken zurückgewinnen". Psychologen und Technikexperten sind skeptisch, doch die Talkshows eroberte er mit dem populären Thema. Beckmann und Jauch nickten beifällig und der deutsche Fernsehzuschauer nickt mit.

Neu ist die These der Überforderung ja nicht. Die amerikanische Lifehacking-Bewegung tauscht schon länger Tipps aus, wie wir angesichts des Always-on der Onlinekommunikation einen Rest an selbstbestimmter Zeit retten können. Manche Autoren dieser Bewegung, wie Timothy Ferriss oder David Allen, verkaufen ihre Bücher millionenfach. Gina Trapani, Journalistin, Programmiererin und Gründungsredakteurin der populärsten Website zum Thema, Lifehacker.com, hält mindestens einen Tag pro Wochenende computerfrei und formuliert das Credo der digitalen Selbstschutzbewegung: „Ein Hoch auf den Abwesenheitsassistenten des E-Mail-Programms."

Damit kann ich schon mehr anfangen als mit typisch deutschen Weltuntergangsszenarien. Stellt man das Stammmtischgeraune von der Informationsflut vom Kopf auf die Füße, bleibt nämlich kein psychosozialer Supergau, sondern – und das ist viel relevanter – die ganz alltagspraktische Frage, wie wir mit den neuen Kommunikationsmitteln klug umgehen. Wie viel Zeit brauchen wir, um produktiv und kreativ zu sein? Um jene Dinge zu verfolgen, die uns wirklich wichtig sind? Und was müssen wir aufgeben, einschränken oder abschaffen, um die Ressourcen zu haben, etwas Neues zu schaffen?

Kürzlich waren wir zwei Wochen in der einsamen italienischen Maremma, es sollte ein Urlaub werden, mit etwas Arbeit hier und da. Ich musste dann aber lernen, dass es in der Maremma keine Onlinezugänge gibt, von W-LAN ganz zu schweigen. Jedenfalls nicht in den malerischen alten Landgütern, auf denen wir übernachteten. Das einzige Internetcafe im 10 Kilometer entfernten Dorf machte immer erst um 20 Uhr auf und dann war der Rechner neben dem Billardtisch stets von Jugendlichen besetzt.

Sagen wir so: Es hatte etwas von kaltem Entzug in vier Stufen. Ich war erst ungläubig, dann unruhig, schließlich unleidlich. Und eines Morgens plötzlich clean. Ich akzeptierte das Offline-Sein, wir stellten den Frühstückstisch in die Sonne, streichelten den Hofhund, lasen den ganzen Tag lang Bücher und gingen am Abend gemütlich essen. Ohne iPhone in der Hosentasche. Es wurde dann nicht nur ein sehr entspannter Urlaub – die zwei Wochen haben meinen Ideen-Akku eindeutig wieder aufgeladen. Dass ich irgendwann auf dem Tiefpunkt des Entzugs unseren Vermieter – einen flamboyanten Landadligen, den wir nie ohne wehenden Schal und Cognacschwenker sahen – anflehte, mich für zehn Minuten an seinen alten Privatrechner zu lassen, um Mails zu checken, muss bitte unter uns bleiben.

Die Frage ist ja: Brauchen wir eher viel Kommunikation und Input, um auf neue Gedanken zu kommen? Oder brauchen wir vor allem: Ruhe, vielleicht sogar Einsamkeit? Kreativitätsexperten sagen: Beides, am besten abwechselnd. Zum Zusammenhang von Kreativität, Austausch und Kontemplation habe ich in meinem letzten Buch „Morgen komm ich später rein" einige spannende Studien zitiert, aber die Sache ist für mich immer noch nicht ganz geklärt.

Nehmen wir den Microblogging-Dienst Twitter. Anfangs war ich, so wie viele, skeptisch: Geplapper? Zeitverschwendung? Noch ein Input-Kanal, den ich verarbeiten muss? Ich habe ja schon einen Facebook-Account. Bekomme Nachrichten über Xing und LinkedIn. Versuche nebenbei, Google Wave einen Nutzen zu entlocken. Nicht zu vergessen SMS und Telefonate. Aber nützliche Kommunikation schafft sich selbst ihren Platz. Inzwischen vergeht kaum ein Tag, an dem ich nicht mindestens einen „Tweet" absetze. Jeder Morgen beginnt bei mir an der Espressomaschine mit dem Check, was jene Menschen, denen ich in anderen Zeitzonen „folge", über Nacht getwittert haben.

Klingt schrecklich unkonzentriert und zeitaufwendig? Ja und nein. Einerseits besteht so ein Tweet ja aus maximal 140 Zeichen, ist also schnell formuliert. Und ich habe inzwischen mehr als 600 „Follower", die offenbar interessiert, was ich da verfasse. Gleichzeitig reduziert der soziale Filter jener streng ausgewählten Menschen, deren Tweets ich lese, von denen ich mir also gern Themen empfehlen lasse, ja auch Komplexität: Wenn eine Nachricht für mich wichtig ist, wird sie mich finden, wie Wired-Chefredakteur Chris Anderson zu Recht sagt.

Andererseits ist diese oft ungezielt mäandernde Onlinekommunikation per Definition das Gegenteil effizienter Produktivitätsoptimierung. Wer Dinge schaffen will, egal ob ein Buch, einen Song oder einen Businessplan, muss – es hilft alles nichts – die permanente Erreichbarkeit und die ständige Ablenkung eindämmen. Und zwar nicht nur diejenige durch Job, Kollegen und Chefs. Sondern auch durch Freunde, „Friends", Kontakte, andere Twitterer und eigene Follower. Auf Facebook schaue ich inzwischen – ganz ehrlich – nur noch vorbei, wenn ich dort eine Nachricht beantworte. Meinen Twitter-Client schalte ich aus, wenn ich arbeite – dasselbe mit dem E-Mail-Programm zu tun, schaffe ich noch nicht. Man muss ja Ziele haben.

Was diese angeht, empfehle ich, es mit Merlin Mann zu halten, einem heldenhaften Apologeten des Kampfes gegen die Zerstreuung. Er polemisiert seit Jahren in seinem Blog 43folders gegen die allgegenwärtige Versuchung, beschäftigt zu tun, aber nichts zu schaffen: „Einer Facebook-Gruppe über kreative Produktivität beizutreten ist so, als würde man einen Stuhl kaufen, um zu joggen", sagt Mann.

Der Begriff des Lifehacking stammt aus der amerikanischen Computerszene. Gemeint waren ursprünglich Produktivitätstricks, die Programmierer erfanden und anwandten, um der täglichen Informationsflut Herr zu werden. Angesichts der immer größer werdenden Menge an Daten, die diese Technikexperten organisieren mussten, programmierten sie sich selbst kleine Hilfssoftware, die Dokumente über verschiedene Rechner und Arbeitsplätze synchronisierten, Aufgabenlisten verwalteten, den Nutzer an wichtige Termine erinnerten oder E-Mails filterten. Sollte Ihnen das bekannt vorkommen – viele dieser Funktionen gehören heute zur Grundausstattung jedes mobil und flexibel agierenden Wissensarbeiters. Und viele entdecken erst nach und nach, wie notwendig es ist, die zunehmende Anzahl von Blogs, Nachrichten, RSS-Feeds und E-Mails, die sie täglich durcharbeiten müssen, mit elektronischer Unterstützung in Schach zu halten.

Das Schlagwort wurde immer erfolgreicher und dabei erweiterte sich die Bedeutung vom rein computertechnischen hin zu „eigentlich allem, das ein alltägliches Problem auf clevere, nicht-offensichtliche Art löst", wie es bei Wikipedia heißt. Den Begriff geprägt hat der britische Technologie-Journalist Danny O'Brien, nachdem er eine Umfrage unter extrem produktiven Computerspezialisten durchgeführt und dabei herausgefunden hatte, dass diese alle „peinliche" kleine Tricks und Abkürzungen benutzten, um ihre Arbeit erledigt zu bekommen. Auf einer Konferenz in San Diego präsentierte O'Brien seine Ergebnisse unter dem Titel „Life Hacks" erstmals der Öffentlichkeit. Unter Bloggern und in der Technologie-Community verbreitete sich die Bezeichnung blitzartig.

Rund um den neuen Begriff entstand eine Begeisterung für diese clevere Art, sein alltägliches Leben sowie seine berufliche Produktivität selbst in die Hand zu nehmen, zu optimieren, dabei möglichst Tricks und Routinen selbst zu erfinden. Die American Dialect Society wählte „lifehack" nach „podcast" zum zweitnützlichsten neuen Wort von 2005.

Der moderne Mensch, so sagt Merlin Mann gern, ist wie der Mitarbeiter eines Sandwich-Ladens, der lauter Bestellungen entgegennimmt, diese auf Zettel schreibt und die Zettel dann in immer neuen Reihenfolgen sortiert, immer wieder überlegt, wie man all diese Aufträge am effektivsten abarbeiten könnte – aber vor lauter Sortieren und Planen nie dazu kommt, die Brote zu belegen. „Don't just take orders, make sandwiches", lautet Manns Ratschlag, der natürlich in übertragendem Sinn zu verstehen ist.

Die aktuelle Herausforderung für jeden von uns – ob Künstler, Arbeiter, Anführer oder Laie – ist es seiner Ansicht nach herauszufinden, wo die

Grenze verläuft, ab der Kommunikation und Ablenkung uns daran hindern, unsere wirklich wichtigen Projekte zu verfolgen. Und dann diese Grenze auf effektive, pragmatische, deutliche und zivilisierte Weise zu kommunizieren. Wir müssen unsere Zeit mit „Brandschutzmauern umgeben, um Dinge machen zu können", so Mann: „Hier ist mein einziger Profitipp für Sie: Sobald Sie es geschafft haben, Ihre Zeit zurückzustehlen, und Ihre Aufmerksamkeit in den Griff bekommen haben, nutzen Sie beides, indem Sie fantastische Dinge machen." Genau so ist es. <

Weitere Links:
www.morgenkommichspaeterrein.de
www.meconomy.me
www.markusalbers.com
http://twitter.com/albersmark

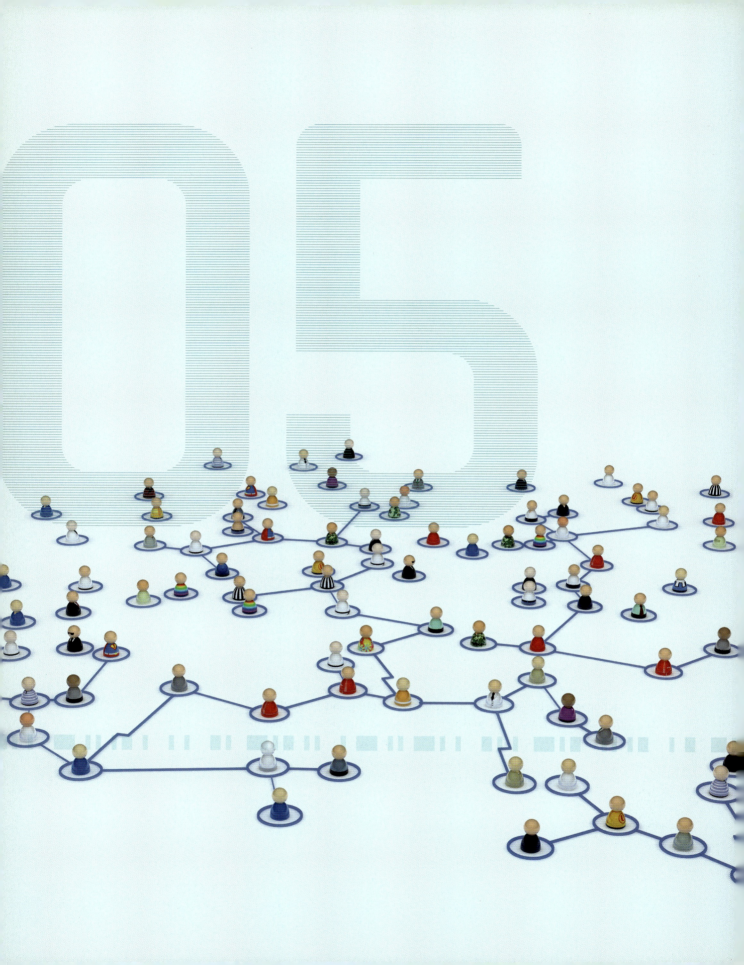

Digitales er_Leben

The Global Transformation to Social Business

BY **DION HINCHCLIFFE**

Is social networking the future of how we run our businesses? As a vision of the coming transformation of our workplace, this isn't as far-fetched as it once seemed. The emergence of Facebook, Twitter and the rest of the social Web on the world stage has pointed the way towards a fundamental reinvention of society and business. More specifically, it's a reinvention of the way we communicate and collaborate, both at home and in business, and one that is linking companies and societies together in ways that were quite unexpected only a few short years ago.

At the root of this global phenomenon is the mass intertwining of human relationships with powerful new online networks that manage personal interaction in a highly open and dynamic way. This new mode of interaction is sometimes referred to as social computing and its implications are far-reaching to the ways in which hundreds of millions of people connect with each other and create value today. It also has profound implications for businesses that must respond to these widespread changes to foster and sustain successful, thriving enterprises in the new century.

Core to this global business transformation is that the very way that people interact with each other has evolved considerably in just the last half decade. We've gone from a model based primarily on private, point-to-point information exchange towards one of freeform social discourse where almost anyone can join in and where the resulting conversations remain available for the perpetual benefit of others. Though digital models for social interaction have existed since the advent of computer networks, it's only recently emerged into the foreground as it has become one of the major new ways of organising and running businesses. Today's organisation can gregariously reach out over social channels to connect with their customers and involve them in product development, marketing, testing and even customer service. Internally, workers can now dynamically self-organise into project teams, talent searches, crisis responders or any other reason using social software. Of concern to some, these new social tools are routing around traditional management hierarchy whenever it imposes unwanted constraints. At the same time, powerful new social structures are being created alongside traditional ones that are highly ad hoc, yet quite novel in their own right.

The growing interest in new models of online interaction in general, today best known as social media, is now seen more and more akin to the early days of the printing press, where the long-lasting significance of spreading knowledge widely and persistently was underappreciated by just about everyone at the time. While such comparisons with social computing can seem overblown, the rise of social business may ultimately be one of the most significant forces for change in economics, culture and civilisation in the long human history of each of these trends. The worldwide ecosystem of knowledge that forms when more and more conversation is made public, transparent participatory and globally accessible, is a very different one from that which most of us are familiar with, even as we have proceeded down this path farther than most businesses or the public yet realize.

The world of social business isn't standing still either. The state-of-the-art when it comes to the social computing environments that surround us now – in our browsers, mobile devices, and elsewhere – underscores how much more we have left to do to make these new modes of digital conversation and discourse become mature, efficient, safe and truly useful. The genesis of the social business era, the Internet, continues to move ahead, creating a growing gap between the business world and the rest of the world. Considerable research and development into social computing continues to

The Emerging Transition To Social Business Models

20th Century
- Non-Social Interaction
- Value in Transactions
- Business Stability
- Well-Defined Industries
- One-Way Markets
- Limited Information
- Resource Abundance

Institutions

Forces
- Ambient Communication
- Global Information Flows
- Social Computing
- Market Discontinuity

Deep Shift → *conTrol*

21th Century
- Pervasive Social Interaction
- Value in Relationships
- Business Flux
- Industry Transformation
- Two-Way Markets
- Information Abundance
- Resource Constraints

Communities

Global Marketplace

original graphic by Dion Hinchcliffe

---

propel forward the future of today's online social universe and there are presently many new efforts under way to refine and improve the world of social media. As a result, there is an increasing gap between so-called "digital natives" and the older traditional businesses. The winners in industry will likely end up being those that are able to effectively incorporate social business deeply into the way they think and operate. But it's the understanding of the very whys and hows of social business that can be difficult. What this social business transformation means exactly, can be made clear if we examine today's' trends at their root, below.

Urged on by the very low barriers to entry and the rapid feedback loops of digital communication, the movement of social computing into the daily lives of most citizens in developed nations has been notable in particular for the very speed of the shift. This is especially true in major geographic regions such as North America and Western Europe, where in some locations social networks have already become more popular than any other form of communication, including e-mail. However, these shifts are just beginning and the technologies themselves are emerging from infancy as deeper assimilation into the home and workplace begins to take place. It's the latter shift into workplace, however, that has the potential to remould the global business landscape. This shift is sometimes referred to as social business and as the second decade of the 21st century begins, businesses are just learning the basics of what it will change forever about their operations, structure, management, hiring, R&D and investment.

The consumer Web drives a shift towards social business

While many advances coming from social media are infiltrating the 21st century enterprise today, the real story and source of business change today is the Web itself. As the world's largest marketplace and driving force of social computing as the fundamental process of personal interaction, the Web has been the crucible of innovation and creativity in the 21st century, continuing to shape the development of the world of social media and social business. Around 2005, most of the knowledge of the world was created using social means, and social media became the largest single creative venue in the history of mankind. These tools and behaviour have now begun to flow across and into the business world. Leading thinkers have called this trend the "consumerisation of the enterprise", where so many new ideas are coming primarily from the consumer space before moving into the business world.

These trends as a whole highlight a core set of strategic changes for organisations in the 21st century, namely:

- **Human interaction becomes pervasively social.** In particular, this means that more and more interaction is now more open and public, allowing others to join in and add value whilst also making the resulting interaction permanent and discoverable by others to learn from and put to good use later on. In the last century, most business interaction was tightly controlled and/or point-to-point, with considerable value not being captured whilst also lacking the input and oversight from a broader community. With social computing, communication and collaboration is much more broadly inclusive and participative, accumulating collective intelligence on a vast scale at the same time. In this new social business world, privacy will be a continued challenge which will actually decrease in perceived value, even though attempts will most certainly be made to preserve it when necessary.

- **Value shifting from transactions to relationships.** There is a growing perception that the traditional business transaction as the core source of organisational value is diminishing. In its place is the realisation that value is now coming from relationship dynamics. This has many implications including using new management methods (example: from top down command-and-control to community curator and facilitator), tapping into new reservoirs of innovation, adopting new ways of interacting with customers, or driving better tacit interactions. Social media and social computing will be key enablers of this for business units and IT organisations that want increased relevance.

http://blogs.zdnet.com/Hinchcliffe/?p=699

http://blogs.zdnet.com/Hinchcliffe/?p=42

- **Industries in flux with new ones emerging.** Previously stable industries such as finance and media are already feeling the pinch the strongest, but most others will soon as well. The current Great Recession is creating a bigger gap between healthy and unhealthy businesses while many industries are being unbundled or transformed into new ones (traditional software companies moving to SaaS and cloud computing for example or the rise of crowdsourcing competing with outsourcing at the low end.) Today's dynamic Web-driven global knowledge is in flow and agile online models for computing and collaboration – as well as economic and intellectual production – have now become a significant change agent.

  http://www.ebizq.net/blogs/enterprise/2009/09/crowdsourcing_5_reasons_its_no.php

- **Moving from change as the exception to change as the norm.** Today the world is seeing faster shifts in consumer behaviour, quicker pricing changes, more rapid product cycles and faster media feedback loops. While this can also lead to more extreme market conditions, it also enables opportunities to be turned into bottomline impact for organisations that can adapt to market realities quickly enough. The network is the culprit (and solution) for much of this again: we now have pervasive social media instantly transmitting and shaping cultural phenomenon and faster financial cause-and-effect in the markets, real-time online markets, and so on. In the 21st century, following a plan is becoming increasingly less important than responding actively and effectively to change.

- **A shift of control to the edge of organisations.** This was predicted at least as far back as the Cluetrain Manifesto, if not farther. It's not even really a shift, it's more like the addition of a new dimension to how we operate organisationally, something I've referred to previously as "social business." This new addition changes the dynamics of where useful information comes from, how decisions are made and how more autonomy and self-organisation will be needed (and tolerated) in modern organisations to meet the more dynamic and changing global marketplace.

  http://en.wikipedia.org/wiki/Cluetrain_Manifesto

  http://socialcomputingjournal.com/viewcolumn.cfm?colid=833

- **New resource constraints.** Today's new economic baselines (the downturn, green business, etc) require that we find ways of accomplishing our goals using fewer resources. This includes identifying the means of capturing opportunity and transforming "in process" business activities using newer, more efficient models. Business leaders will need to effectively link IT and business much more so than in the past to accomplish the movement to this new baseline. This also doesn't mean everything is constrained. As we'll see on the technology side, abundance is being produced that may address shortcomings on the business side.

As this author explored recently in "How the Web OS has begun to reshape IT and business", today's Internet has become a central driver of how we do things today. It's the richest marketplace that we all have roughly equal access to (all our customers, all the data, the infrastructure services and all our competitors). In the long run, it's fast becoming the essential fabric of modern business and economics. The central theme of all of this is the following realization:

Business is going to become more open, transparent, participative and decentralized in the near future. 21st century organisations must develop a social business DNA.

The post-industrial knowledge economy is becoming more social

What then are the underlying forces that drive social business success, whether that be the Internet or intranet? Traditional measurements of success such as having a high market share, bestseller products, brand dominance, good physical business location, 1-on-1 customer relationships and a host of previously vital factors are becoming less and less important. Instead, the discussion over the last half decade with major shifts such as Web 2.0 has famously been about social business strategies such as network effects, The Long Tail, open innovation, peer production and distributed business models like crowdsourcing.

These new social business strategies are fundamentally different ways of thinking about our businesses as the social dimensions in the workplace expand and transform. It's worth noting that the social aspect of businesses has always been present in real-life interaction. But now it's moved online just as our economies are also moving away from manufacturing and transactions to one where creating, managing and leveraging intellectual capital are the dominant activities. This has been referred to as the knowledge economy. One of its key elements is an environment where abundance of the fundamental resource (information) is common and scarcity of non-physical inputs to business processes is rare.

The move to a knowledge economy itself has long been existent, at least in developed countries. A detailed 2007 report prepared for the European Union found that 40% of jobs in Europe were already encompassed by the knowledge economy and found approximately the same for the U.S, with a 24% overall 10-year growth trend. That the consumer world is pre-

Sidebar links:
- http://blogs.zdnet.com/Hinchcliffe/?p=771
- http://blogs.zdnet.com/Hinchcliffe/?p=135
- http://en.wikipedia.org/wiki/Knowledge_economy
- www.theworkfoundation.com/research/publications/publicationdetail.aspx?oItemId=80

sently managing its knowledge economy with social tools makes the near future of social business fairly clear. There are a seismic shifts coming in terms of where and how we focus our business strategy, spending, hiring and management. Government support for a knowledge economy is essential as well, with policies easily able to penalise firms attempting to make the move to these new models. Like Web 2.0, the impact of this is not in months or even years, but in a decade or two. See Amara's law, below.

In the list presented above, the trends underlying this rapidly emerging new "social economy" make it clear that there is a major curve in the road ahead for most oragnisations. While many of the old business rules are still likely to be true (as the current economic crisis has shown, bubble economics do not apply), the fact that business is moving to a much more network-driven model has certain inevitable consequences. That these rules are partially responsible for the creation of modern Web giants such as Google, Amazon, Facebook and now Twitter is almost certain. That we know how to apply them effectively to our traditional businesses is much less so.

In the end, many of the results of a social business transformation aren't difficult to predict. These include the rise of social capital as a fundamental business asset, cost-effective capture and leverage of innovation and the exploitation of true collective intelligence as a business understands what it actually knows, in real-time. Other implications will be more difficult to predict, particularly as loosely structured yet highly decentralised organisations based on the same concepts – such as open source software communities – pose an increasingly serious competitive threat to businesses of many kinds in the social business era. However, what is clear is that if social business offers a real long-term advantage, of the same magnitude as assembly line manufacturing did in the 19th century or that information technology revolution of the late twentieth century offered, then those businesses that don't make the transition will ultimately be relegated to the margins of history.

Social business is thus poised to offer a profound shift in the way we apply the yardstick for success in business, economics and even our nations. Over the next ten years, business leaders will be very busy decoding the full implications of today's shifts. The most prescient will be guiding their organisations carefully as the enabling technologies themselves continue to become ever more pervasive and embedded in the daily fabric of our lives and workplace.

www.information-age.com/channels/management-and-skills/perspectives-and-trends/1072692/taxing-the-knowledge-economy.thtml

further link:
http://twitter.com/dhinchcliffe

„Märkte sind Gespräche" –
Um 1894 auf dem Marktplatz in Dresden,
heute im Web 2.0.

Digitales er_Leben

Unser Alltag im Internet –
Wenn Märkte (wider-) sprechen lernen

VON **SIMONE HAPP**
UND **FRANK WOLF**

Seit mehr als einem Jahr schreiben wir einen Blog. Dieses Gespräch im Web ist für uns zu einer wichtigen Quelle von Kontakten, Inspiration und Wissen geworden. Vieles von dem, was wir jetzt als neuen Dialog erleben, wurde mit dem Cluetrain Manifest schon 1999 vorhergesagt. Zeit für einen Rückblick auf die wichtigsten Thesen des Manifestes und unsere Erfahrungen dazu.

Jahrhundertelang waren Märkte das pulsierende Herz der Stadt. Hier war nicht nur ein Ort des Handels, sondern auch die zentrale Informations- und Kontaktbörse der Bevölkerung. Die Händler priesen ihre Waren, kannten jedes Detail der Herstellung und konnten die Reaktionen ihrer Kunden hautnah verfolgen und bei der Verbesserung ihrer Produkte berücksichtigen.

Industrialisierung, Massenproduktion, Wiederverkauf und Großhandel führten zu einer immer größeren Distanz zwischen dem Erzeuger einer Ware und seinen Kunden. Das hat viele Jahre niemanden gestört, denn wer billiger, besser und schneller war, konnte auf den direkten Kontakt zu seinen Kunden gut verzichten. Dazu passten ideal neue technische Errungenschaften wie Zeitungen, Radio und Fernsehen, um die gleichgeschalteten Produkte einer vermeintlich homogenen Masse von Verbrauchern mit überspitzten und künstlerisch-gekünstelten Werbebotschaften schmackhaft zu machen.

> „Sie können jede Farbe haben, die Sie wollen, solange es schwarz ist."
> (HENRY FORD)

Das Ende dieser Spirale ist schon lange erreicht. Weltweite Logistik und Vernetzung von Konsumenten und Produzenten macht Individualisierung und Spezialisierung zur Unterscheidung von Produkten notwendig. Automobilhersteller bieten heute eine riesige Palette an Modellen und Ausstattungsvarianten an, um immer kleinere Zielgruppen und „Nischenmärkte" zu erschließen. Was bei der Herstellung der Produkte also schon längst passiert, findet bisher bei der Vermarktung via Einwegkommunikation an vermeintlich klar abgrenzbare und steuerbare Zielgruppen jedoch kaum statt.

Technologischer Meilenstein für eine Trendwende ist der Siegeszug des Internets. Ideologischer Meilenstein, der diese Änderung als erstes festhält und deklariert, ist das Cluetrain Manifest. 1999 von den amerikanischen Marketingexperten Rick Levine, Christopher Locke, Doc Searls und David Weinberger verfasst, enthält es 95 Thesen, die oft simpel, aber dafür umso kraftvoller sind und das neue Verhältnis zwischen Unternehmen und Kunden im Zeitalter des Internets beschreiben. Im Folgenden sollen einige repräsentative Thesen herausgegriffen und mit unseren Gedanken und eigenen Erfahrungen lebendig gemacht werden. Die erste These ist schon fast ein Klassiker:

Märkte sind Gespräche. (These 1)

Die wachsende Spezialisierung führt zu immer kleineren Märkten, die aber global verteilt sind. Ein Albtraum für die Marketingabteilung: Wie soll man 300 potenzielle Kunden weltweit mit klassischer Print- oder Fernsehwerbung effektiv ansprechen? Die jährliche Branchenmesse ist wohl Pflicht. Doch innerhalb eines Jahres passiert so viel, dass Messen und Kongresse eher zu einem „Stammestreffen" werden, als der zentrale Marktplatz für

Ideen, Produkte und Innovationen zu sein. Und auch Konzerne mit hunderttausenden von Kunden müssen ihre Käufer immer spezifischer ansprechen, um im allgemeinen Gebrüll der täglich auf uns einströmenden Werbeflut Gehör zu finden.

—

Unser Stand im Juni 2008: Web 2.0 ist zum abgenutzten Schlagwort geworden. Seit einem Jahr nennen wir das „auf das Web 2.0 eingestellte" Unternehmen das Enterprise 2.0. Wir glauben, uns in der Theorie gut auszukennen und sammeln Erfahrungen in kleinen Kundenprojekten. Doch zwischen Erkenntnis, der glänzenden Welt der Web 2.0-Konferenzen und Anforderungen und Verständnis unserer Kunden liegen Welten. „Man ist nicht so weit." Wir suchen ein neues Sprachrohr hin zu unseren potenziellen Zuhörern. Zuhörer, die wir bisher nicht kennen und die uns nicht kennen. Inhaltlich soll nicht die Theorie im Mittelpunkt stehen, sondern praktische Erfahrungen. Web 2.0 im Projektmanagement ist ein konkretes und gleichzeitig spannendes Thema. Frank, Christoph und Simone starten einen Blog.

Wir veröffentlichen erste Artikel. Das Thema Projektmanagement 2.0 scheint auf Interesse zu stoßen. Wir verlinken auf andere deutschsprachige Blogs zum Thema Projektmanagement und prompt werden wir in deren Linkliste (Blogroll) aufgenommen. Das wenige Feedback, das wir bekommen, ist zumeist positiv. Aber wir sind immer noch sehr unter uns, nur eine Handvoll Mitstreiter im Thema kennen projektmanagement20.de.

—

In nur wenigen Jahren wird die homogene „Stimme" der Geschäftswelt – der Klang von Firmenphilosophien und Broschüren – überholt und künstlich klingen, wie die Sprache der Gerichtshöfe des 18ten Jahrhunderts in Frankreich. [These 15]

Das Medium ist nicht nur die Botschaft, es beeinflusst auch die Botschaft. Wer über viele Jahre gewohnt war, auf einer Einbahnstraße zu Millionen von Konsumenten zu kommunizieren, der hat gelernt, eine Botschaft so unverbindlich und ohne jegliche Kanten zu formulieren, dass sie für jeden Empfänger passend sein müsste. Ob und wie die Nachricht eine Wirkung entfaltet, konnte jedoch kaum überprüft werden. Die Antwort von David an Goliath erschien sinnlos. Der Ton und die Sprache, mit der Unternehmen zu ihren Kunden und Mitarbeitern sprechen, konnten sich deshalb immer mehr von denen der normalen menschlichen Sprache entfernen. Große Unternehmen beherrschen die standardisierte Kommunikation mit ihren Kun-

www.projektmanagement20.de

den auf höchstem Niveau. Zum Ideal wurde die Vereinheitlichung von Kommunikation und Sprache, die „konsistente Marketingbotschaft".

Sommer 2008: Im noch kaum bekannten Blog versuchen wir uns in einer weniger offiziellen Sprache. Es fällt uns anfangs schwer, die Förmlichkeit und Verkrampftheit beim Schreiben abzulegen, authentisch zu sein und einfach auf den Punkt zu kommen. Unser Blog hat mittlerweile regelmäßige Leser. Wir versuchen alle zwei Wochen eine kleine Betrachtung zu veröffentlichen. Wir ringen viel mit unserem eigenen Anspruch an Ausführlichkeit und Qualität und versuchen das alles neben dem täglichen Projektgeschäft zu erledigen.
—
Wenn ihr mit uns reden wollt, dann erzählt uns was. Zur Abwechslung mal was Interessantes. [These 75]

Zwischen einer klassischen Werbebotschaft, die einfach nur auf Menschen einprasselt und zum großen Teil keine messbaren Effekte erzielt, und einer viralen Kommunikation, die ein Nutzer nicht nur konsumiert, sondern auch noch aktiv seinem Netzwerk empfiehlt, liegen qualitativ Welten. Das Budget, das vorher zum größten Teil auf die Finanzierung des Kanals verteilt war, muss nun vor allem auf den für die Nutzer spannenden Inhalt verwendet werden. Inhalte im klassischen Marketing drehen sich um die eigene Botschaft und die Frage, wie man diese für die Zielgruppe „verpacken" kann. Nun stehen zunächst die Zielgruppe und deren Bedürfnisse im Mittelpunkt und erst dann folgt die Verknüpfung zur eigenen Botschaft.

Herbst 2008: Wir suchen nach einem Format, um den Nichtspezialisten das Thema Enterprise 2.0 zu erklären. Wir haben viel gelesen, diskutiert, beobachtet, selbst gelernt und eine eigene Meinung entwickelt. Die wollen wir nun sichtbar machen. Wir entscheiden uns für eine Präsentation, die einfach zu verstehen sein soll und die wir in slideshare.com veröffentlichen werden, damit sie für jedermann zugänglich ist. Auf Slideshare finden sich wunderbare Vorlagen wie „Meet Charlie", die unseren Horizont nachhaltig erweitern und uns viele eingeimpfte Powerpoint-Konventionen über Bord werfen lassen. Die Inhalte haben wir im Kopf, mithilfe einiger Mitstreiter erstellen wir erste Folien. Unsere Grafikerin Jana wacht über die Form und feilt an der Ästhetik. Doch wo ist der Kern der Geschichte, die wir erzählen wollen? Genau, wir wollen eine Geschichte erzählen! Also erfinden wir Lisa, Brad und Klaus. Wir denken an Douglas Adams und versuchen wir uns an einer Trilogie.

Winter 2009: Nach drei arbeitsreichen Monaten mit unzähligen Zwischenversionen und langen Abenden startet der erste Teil: Wir veröffentli-

www.slideshare.com

"Knowledge Management and Social Media look very similar on the surface, but are actually radically different at multiple levels, both cultural and technical, and are locked in an undeclared cultural war for the soul of Enterprise 2.0."

1. Wissen zu teilen ist immer freiwillig, niemand kann dazu gezwungen werden.
2. Wir teilen Wissen, wenn wir das richtige Publikum haben, das uns motiviert und Kontext schafft.
3. Social Software allein ist nicht die Lösung für die alten Probleme des Wissensmanagement.

Werden sich Lisa und Brad nie finden?

Drei Charts aus:
„Enterprise 2.0
Knowledge Management" –
Part1: The Wikipedia Myth;
Quelle: T-Systems
Multimedia Solutions

chen „Der Wikipedia Irrtum" bei Slideshare und in unserem Blog. So viel nettes Feedback gab es noch nie. Neugierige Fragen nach Teil 2, der eine Woche später als „Die Entdeckung des Menschen" erscheint. Wer über Teil 1 berichtete, bekommt ein Update, dass es nun Teil 2 gibt. Prompt gibt es noch mehr Rückmeldung: in Blogs, in Twitter, per Mail, per Telefon, per Chat. Für manche gar ein Anlass, alte Kontakte aufzufrischen und uns anzusprechen. Das macht richtig Spaß. Aber alle Fragen leiten zum dritten Teil, und der ist zwar vollmundig angekündigt, aber noch kaum begonnen! Mit dem Schwung des so motivierenden Feedbacks wird die „Anleitung zum Handeln" rechtzeitig fertig. Es folgt Lob von Kollegen, von bisher unbekannten Kollegen, von Partnern, mit denen man schon immer ins Gespräch kommen wollte. Und das Beste: Lob und Fragen von potenziellen Kunden. Man redet mit uns zu den Themen, über die wir uns so gern austauschen wollen. Und wir lernen dabei. Unsere Vision wird akzeptiert. Doch was bedeutet es im Einzelnen, Enterprise 2.0 zu machen und Skeptikern zu begegnen, sich mit dem Betriebsrat abzustimmen, sich für ein Tool zu entscheiden oder Kollegen zu begeistern? Die Fragen der Praktiker sind häufig ähnlich, aber die Antworten scheinen individuell sehr verschieden. Wir reden nicht mehr nur mit der Avantgarde der neuen Ideen, sondern mit Managern, die sehr konkrete Antworten wollen. Die Präsentation scheint ein kleines Lauffeuer im Web entfacht zu haben. Ab und zu wird sie von Meinungsführern entdeckt und zitiert und für uns folgt dann wieder eine Runde neuer Anfragen, Diskussionen, Gespräche.

Es finden zwei Arten von Gesprächen statt. Eines innerhalb des Unternehmens und eines mit dem Markt. [These 53] Diese beiden Gespräche möchten sich vermischen. Sie sprechen die gleiche Sprache. Sie erkennen sich in ihren Stimmen wieder. [These 56]

Erfolgsfaktor, ob ein Gespräch funktioniert oder nicht, ist das Thema. Fühlt sich der Gegenüber von dem, was erzählt wird, angesprochen, dann wird er antworten und nachfragen. Geschäftliche Kommunikation funktioniert im Kern ganz genauso: Welche Botschaft hat ein Unternehmen, die für den Markt interessant ist? Eine 30 Sekunden Werbebotschaft kann wohl Interesse wecken, die große Frage aber ist, was ein Unternehmen in der 31. Sekunde anbieten kann. Fachlich hochwertige und authentische Inhalte können kaum vom Marketing oder von externen Kommunikationsagenturen kommen. Botschafter sind diejenigen, die den Produkten und Leistungen, für die das Unternehmen steht, am nächsten sind. Die, die im Kern das Unternehmen in seiner Wertschöpfung gestalten. Die ohnehin schon viel beschäftigten Wissens- und Leistungsträger werden zukünftig in einer neuen Rolle an der Schnittstelle zwischen Unternehmen und Markt nachhaltig das Firmenbild in der Öffentlichkeit prägen.

—

Frühjahr 2009: Der Name www.projektmanagement20.de passt nicht mehr so richtig, da unser Fokus mittlerweile viel breiter als nur Projektmanagement ist. Unser neuer Auftritt soll ab nun www.besser20.de heißen. Ein offeneres und schöneres Design mit der Verbindung zu Twitter, der Bewerbung von Topartikeln und dem Anzeigen aktueller Kommentare wird den Relaunch des Blogs unterstützen.

Sommer 2009: Einige Monate nach Veröffentlichung der drei Präsentationen sind wir mitten im Enterprise 2.0-Gespräch. Noch immer gibt es Lob und Fragen zu unserer Präsentation. Doch nun stehen viel mehr die Kunden im Mittelpunkt. Unsere Präsentation scheint die Eintrittskarte für viele Aktivitäten zu sein. Unsere Meinung ist gefragt: Wir werden zu Konferenzen eingeladen, Fachartikel für Zeitschriften werden angefragt, ab und zu geben wir ein Interview. Der Blog ist zum Puzzlestein neben anderen Aktionen, die uns Aufmerksamkeit verschaffen sollen, geworden. Und jedes Gespräch, jeder Artikel hilft uns, neue Aspekte zu durchdenken, zu lernen und Inhalte zu schaffen, die für unsere Zuhörer wieder interessant sein können. Will uns jemand kennenlernen und in den Austausch treten? Inhalte sind zur Hand: Wir verweisen aufs Internet, auf besser20.de. Wer die Top-Artikel liest, bekommt schnell einen Einblick, womit wir uns befassen, wofür wir stehen, und nimmt uns dann sehr schnell unsere Kompetenz ab.

Im ersten Gespräch mit einem vielversprechenden Kunden erfahren wir, dass unser Ansprechpartner bereits seit einiger Zeit zu unseren Stammlesern gehört. Wir werden von einem weltweit führenden Marktforschungsinstitut zum Thema Wissensmanagement angefragt. Wir gelten als Spezialisten, ohne dass unsere Ausbildung, unser Hintergrund, unser Beruf bekannt sind.

www.besser20.de

—

Traditionellen Unternehmen mögen vernetzte Gespräche chaotisch erscheinen und wirr klingen. Aber wir organisieren uns schneller als diese Unternehmen. Wir haben bessere Tools, mehr neue Ideen und weniger Regeln, mit denen wir uns ausbremsen. [These 94]

Die vielfältigen Plattformen und Interaktionsformen im Internet sind selbst für Online-Experten verwirrend. Das klassische Marketing ist an eine überschaubare Zahl von Kanälen gewöhnt und ist ob der Komplexität und Vernetzung der Online-Medien zum Teil ratlos und überfordert. Kommunikation lässt sich hier viel schwerer planen und nicht immer bis ins Detail steuern. Nutzer können reagieren und statt der Einbahnstraßen gibt es jederzeit Gegenverkehr, Widerspruch oder Ermutigung. Es ist nicht mehr möglich, unangenehme Debatten einfach für beendet zu erklären, dann werden sie eben woanders geführt, dort wo das Unternehmen noch weniger Kontrolle hat.
—

Herbst 2009: Online zu sein und an der Diskussion teilzunehmen bedeutete für uns am Anfang Gedanken und Erfahrungen zu publizieren. Langsam begreifen wir aber, dass unser Blog nur ein Teil des Online-Gespräches sein kann. Twitter wird einer der wichtigsten Lieferanten von Ideen, Lesern und Verlinkungen zu unserem Blog. Wir starten zusätzlich mit www.socialsoftwarematrix.org eine Seite, die sich ausschließlich mit der Beschreibung und dem Vergleich von Social Business Suites wie Jive, Sharepoint oder Confluence beschäftigt. Wir veröffentlichen Artikel und reagieren auf unsere Leser, doch wir mischen uns noch zu wenig aktiv ins Gespräch ein. Besser20 ist Ausgangspunkt und Basis unserer inhaltlichen Darstellungen. Gesprochen, kommentiert und diskutiert wird aber überall im Internet, bei Twitter, Slideshare, YouTube, Facebook, Xing, anderen Blogs, ... Vieles ist möglich, begrenzender Faktor ist vor allem unsere Zeit.

www.socialsoftwarematrix.org

—

Wir wachen gerade auf und verbinden uns miteinander. Wir schauen, aber wir warten nicht. (These 95)

37 Millionen Deutsche sind regelmäßig im Netz[1], weltweit sind es 1,5 Milliarden Menschen[2]. In Deutschland sind 44% aller Besuche im Internet auf Social Network Sites gerichtet. 13,7% der gesamten Werbeausgaben in den USA entfallen auf Online-Werbung, große Werbekunden wie Pepsi Cola sind gerade dabei, ihre Fernsehbudgets zugunsten von Online-Werbung zu reduzieren[3]. Online-Werbung bedeutet aber immer weniger Anzeigen im Internet zu schalten (Banner-Werbung), sondern vielfältigste Möglichkeiten in Betracht zu ziehen, mit seinen Kunden im Internet ins Gespräch zu kommen. Unterschiedliche Zielgruppen und das dynamische Umfeld des Internets mit seinen aufsteigenden Sternen (wie z.B. Twitter und Facebook) und manch überlebten Hypes (wie z.B. Second Life) sorgen dafür, dass es in ab-

sehbarer Zeit keinen allgemeingültigen besten Weg eines Kommunikationsformates gibt. Nur eines ist klar: Wer als Großunternehmen mit seinen Kunden wieder ins Gespräch kommen will (muss), für den gibt es neben dem Internet kaum eine Alternative, dies effektiv und nachhaltbar zu tun. Denn:

Märkte wollen mit Unternehmen sprechen. (These 60)
Wir haben wirkliche Macht, und wir wissen das. Wenn ihr das nicht erkennt, wird jemand anders daherkommen, jemand aufmerksameres, jemand interessanteres, jemand, mit dem es mehr Spaß macht zu spielen. (These 89)

—

Weihnachten 2009: Wir konnten die Zugriffszahlen auf den Blog in diesem Jahr vervierfachen. Das ist gut! Noch nicht gut genug. Wir sind angespornt und haben neue Ziele und viele Pläne für 2010. Das Team ist größer geworden: Bernd, Maxi, Ulf, Joachim, Katharina, Yvonne, Stefan, Klaus, Thomas, Enrico. Hinter jeder Veröffentlichung im Blog steht ein Name. Ein guter Artikel ist Herausforderung, Ansporn und am Ende ein Baustein zur eigenen Reputation.

Wir sind noch ein gutes Stück von einem wirklich professionellen Marktdialog entfernt. Wir bekommen aber gerade eine Ahnung, welches Potenzial wir in der Kommunikation zu unseren Kunden haben, wenn wir noch konsequenter in unsere Online-Aktivitäten investieren. Was wir momentan im Internet sehen, ist kein stabiler Zustand, sondern eine Momentaufnahme in einem rasanten Veränderungsprozess. Seit der Formulierung des Cluetrain Manifestes 1999 hat sich das Internet explosionsartig vergrößert, es ist von 8 Milliarden auf über eine Billion Seiten angewachsen[4] und in 10 Jahren wird es einen noch höheren Stellenwert in unserem privaten und geschäftlichen Leben besitzen. 1999 waren die Thesen des Manifestes gerade in Deutschland noch eine eher mittelfristige Vision, heute ist vieles davon längst Realität. Wir sind froh, dabei zu sein und aus nächster Nähe diesen faszinierenden Prozess nicht nur zu verfolgen, sondern auch selbst ein klein wenig aktiv mitzugestalten. <

Gesellschaft & Information

Newspapers and Thinking the Unthinkable

BY **PROF. CLAY SHIRKY**

Back in 1993, the Knight-Ridder newspaper chain began investigating piracy of Dave Barry's popular column, which was published by the Miami Herald and syndicated widely. In the course of tracking down the sources of unlicensed distribution, they found many things, including the copying of his column to alt.fan.dave_barry on usenet; a 2000-person strong mailing list also reading pirated versions; and a teenager in the Midwest who was doing some of the copying himself, because he loved Barry's work so much he wanted everybody to be able to read it.

One of the people I was hanging around with online back then was Gordy Thompson, who managed internet services at the New York Times. I remember Thompson saying something to the effect of "When a 14 year old kid can blow up your business in his spare time, not because he hates you but because he loves you, then you got a problem." I think about that conversation a lot these days.

The problem newspapers face isn't that they didn't see the internet coming. They not only saw it miles off, they figured out early on that they needed a plan to deal with it, and during the early 90s they came up with not just one plan but several. One was to partner with companies like America Online, a fast-growing subscription service that was less chaotic than the open internet. Another plan was to educate the public about the behaviour required of them by copyright law. New payment models such as micropayments were proposed. Alternatively, they could pursue the profit margins enjoyed by radio and TV, if they became purely ad-supported. Still another plan was to convince tech firms to make their hardware and software less capable of sharing, or to partner with the businesses running data networks to achieve the same goal. Then there was the nuclear option: sue copyright infringers directly, making an example of them.

As these ideas were articulated, there was intense debate about the merits of various scenarios. Would DRM or walled gardens work better? Shouldn't we try a carrot-and-stick approach, with education *and* prosecution? And so on. In all this conversation, there was one scenario that was widely regarded as unthinkable, a scenario that didn't get much discussion in the nation's newsrooms, for the obvious reason.

The unthinkable scenario unfolded something like this: the ability to share content wouldn't shrink, it would grow. Walled gardens would prove unpopular. Digital advertising would reduce inefficiencies and, therefore, profits. Dislike of micropayments would prevent widespread use. People would resist being educated to act against their own desires. Old habits of advertisers and readers would not transfer online. Even ferocious litigation would be inadequate to constrain massive, sustained law-breaking. (Prohibition redux.) Hardware and software vendors would not regard copyright holders as allies, nor would they regard customers as enemies. DRM's requirement that the attacker be allowed to decode the content would be an insuperable flaw. And, per Thompson, suing people who love something so much they want to share it would piss them off.

Revolutions create a curious inversion of perception. In ordinary times, people who do no more than describe the world around them are seen as pragmatists, while those who imagine fabulous alternative futures are viewed as radicals. The last couple of decades haven't been ordinary, however. Inside the papers, the pragmatists were the ones simply looking out the window and noticing that the real world increasingly resembled the unthinkable scenario. These people were treated as if they were barking mad. Meanwhile, the people spinning visions of popular walled gardens and enthusiastic micropayment adoption, visions unsupported by reality, were regarded not as charlatans but saviours.

When reality is labelled unthinkable, it creates a kind of sickness in an industry. Leadership becomes faith-based, while employees who have the temerity to suggest that what seems to be happening is in fact happening, are herded into innovation departments, where they can be ignored *en masse*. This shunting aside of the realists in favour of the fabulists has different effects on different industries at different times. One of the effects on the newspapers is that many of their most passionate defenders are unable, even now, to plan for a world in which the industry they knew is visibly going away.

★ ★ ★

The curious thing about the various plans hatched in the '90s is that they were, at base, all the same plan: "Here's how we're going to preserve the old forms of organisation in a world of cheap perfect copies!" The details differed, but the core assumption behind all imagined outcomes (save the unthinkable one) was that the organisational form of the newspaper, as a general-purpose vehicle for publishing a variety of news and opinion, was basically sound, and only needed a digital facelift. As a result, the conversation has degenerated into the enthusiastic grasping at straws, pursued by skeptical responses.

"The Wall Street Journal has a paywall, so we can too!" (Financial information is one of the few kinds of information whose recipients don't want to share.) "Micropayments work for iTunes, so they will work for us!" (Micropayments work only where the provider can avoid competitive business models.) "The New York Times should charge for content!" (They've tried, with QPass and later TimesSelect.) "Cook's Illustrated and Consumer Reports are doing fine on subscriptions!" (Those publications forgo ad revenues; users are paying not just for content but for unimpeachability.) "We'll form a cartel!" (...and hand a competitive advantage to every ad-supported media firm in the world.)

Round and round this goes, with the people committed to saving newspapers demanding to know "If the old model is broken, what will work in its place?" To which the answer is: "Nothing." Nothing will work. There is no general model for newspapers to replace the one the internet just broke.

With the old economics destroyed, organisational forms perfected for industrial production have to be replaced with structures optimised for digi-

Where are we heading?

tal data. It makes increasingly less sense even to talk about a publishing industry, because the core problem publishing solves – the incredible difficulty, complexity and expense of making something available to the public – has stopped being a problem.

★ ★ ★

Elizabeth Eisenstein's magisterial treatment of Gutenberg's invention, *The Printing Press as an Agent of Change*, opens with a recounting of her research into the early history of the printing press. She was able to find many descriptions of life in the early 1400s, the era before movable type. Literacy was limited, the Catholic Church was the pan-European political force, Mass was in Latin, and the average book was the Bible. She was also able to find endless descriptions of life in the late 1500s, after Gutenberg's invention had started to spread. Literacy was on the rise, as were books written in contemporary languages: Copernicus had published his epochal work on astronomy, and Martin Luther's use of the press to reform the Church was upending both religious and political stability.

What Eisenstein focused on, though, was how many historians ignored the transition from one era to the other. To describe the world before or after the spread of print was child's play; those dates were safely distanced from upheaval. But what was happening in 1500? The hard question Eisenstein's book asks is "How did we get from the world before the printing press to the world after it? What was the revolution *itself* like?"

Chaotic, as it turns out. The Bible was translated into local languages; was this an educational boon or the work of the devil? Erotic novels appeared, prompting the same set of questions. Copies of Aristotle and Galen circulated widely, but direct encounters with the relevant texts revealed that the two sources clashed, tarnishing faith in the Ancients. As novelty spread, old institutions seemed exhausted while new ones seemed untrustworthy; as a result, people almost literally didn't know what to think. If you can't trust Aristotle, who can you trust?

During the wrenching transition to print, experiments were only revealed in retrospect to be turning points. Aldus Manutius, the Venetian printer and publisher, invented the smaller octavo volume along with italic type. What seemed like a minor change – take a book and shrink it – was in retrospect a key innovation in the democratisation of the printed word. As books became cheaper, more portable and, therefore, more desirable, they expanded the market for all publishers, heightening the value of literacy still further.

That is what real revolutions are like. The old stuff gets broken faster than the new stuff is put in its place. The importance of any given experiment isn't apparent at the moment it appears; big changes stall, small changes spread. Even the revolutionaries can't predict what will happen. Agreements on all sides that core institutions must be protected, are rendered meaningless by the very people doing the agreeing. (Luther and the Church both insisted, for years, that whatever else happened, no one was talking about a schism.) Ancient social bargains, once disrupted, can neither be mended nor quickly replaced, since any such bargain takes decades to solidify.

And so it is today. When someone demands to know how we are going to replace newspapers, they are really demanding to be told that we are not living through a revolution. They are demanding to be told that old systems won't break before new systems are in place. They are demanding to be told that ancient social bargains aren't in peril, that core institutions will be spared, that new methods of spreading information will improve previous practice rather than upending it. They are demanding to be lied to.

There are fewer and fewer people who can convincingly tell such a lie.

★ ★ ★

If you want to know why newspapers are in such trouble, the most salient fact is this: printing presses are terrifically expensive to set up and to run. This bit of economics, normal since Gutenberg, limits competition while creating positive returns to scale for the press owner, a happy pair of economic effects that feed on each other. In a notional town with two perfectly balanced newspapers, one paper would eventually generate some small advantage – a breaking story, a key interview – at which point both advertisers and readers would come to prefer it, however slightly. That paper would, in turn, find it easier to capture the next dollar of advertising, at lower expense, than the competition. This would increase its dominance, which would further deepen those preferences, repeat chorus. The end result is either geographic or demographic segmentation among papers, or one paper holding a monopoly on the local mainstream audience.

For a long time, longer than anyone in the newspaper business has been alive in fact, print journalism has been intertwined with these economics. The expense of printing created an environment where Wal-Mart was willing to subsidise the Baghdad bureau. This wasn't because of any deep link between advertising and reporting, nor was it about any real desire on the part of Wal-Mart to have their marketing budget go to international correspondents. It was just an accident. Advertisers had little choice other than to have their money used that way, since they didn't really have any other vehicle for display ads.

The old difficulties and costs of printing forced everyone doing it into a similar set of organisational models; it was this similarity that made us regard *Daily Racing Form* and *L'Osservatore Romano* as being in the same business. That the relationship between advertisers, publishers and journalists has been ratified by a century of cultural practice doesn't make it any less accidental.

The competition-deflecting effects of printing cost got destroyed by the Internet, where everyone pays for the infrastructure, and then everyone gets to use it. And when Wal-Mart, and the local Maytag dealer, and the law firm hiring a secretary, and that kid down the block selling his bike, were all able to use that infrastructure to get out of their old relationship with the publisher, they did. They'd never really signed up to fund the Baghdad bureau anyway.

★ ★ ★

Print media does much of society's heavy journalistic lifting, from flooding the zone – covering every angle of a huge story – to the daily grind of attending the City Council meeting, just in case. This coverage creates benefits even for people who aren't newspaper readers, because the work of print journalists is used by everyone from politicians to district attorneys to talk radio hosts to bloggers. The newspaper people often note that newspapers benefit society as a whole. This is true, but irrelevant to the problem at hand; "You're gonna miss us when we're gone!" has never been much of a business model. So who covers all that news if some significant fraction of the currently employed newspaper people lose their jobs?

I don't know. Nobody knows. We're collectively living through 1500, when it's easier to see what's broken than what will replace it. The Internet turns 40 this fall. Access by the general public is less than half that age. Web use, as a normal part of life for a majority of the developed world, is less than half *that* age. We just got here. Even the revolutionaries can't predict what will happen.

Imagine, in 1996, asking some net-savvy soul to expound on the potential of craigslist, then a year old and not yet incorporated. The answer you'd almost certainly have got would be extrapolation: "Mailing lists can be powerful tools", "Social effects are intertwining with digital networks", blah blah blah. What no one would have told you, could have told you, was what actually happened: craigslist became a critical piece of infrastructure. Not the idea of craigslist, or the business model, or even the software driving it. Craigslist itself spread to cover hundreds of cities and has become a part of public consciousness about what is now possible. Experiments are only revealed in retrospect to be turning points.

In craigslist's gradual shift from 'interesting if minor' to 'essential and transformative', there is one possible answer to the question "If the old model is broken, what will work in its place?" The answer is: Nothing will work, but everything might. Now is the time for experiments, lots and lots of experiments, each of which will seem as minor at launch as craigslist did, as Wikipedia did, as *octavo* volumes did.

Journalism has always been subsidised. Sometimes it's been Wal-Mart and the kid with the bike. Sometimes it's been Richard Mellon Scaife. Increasingly, it's you and me, donating our time. The list of models that are obviously working today, like Consumer Reports and NPR, like ProPublica and WikiLeaks, can't be expanded to cover any general case, but then nothing is going to cover the general case.

Society doesn't need newspapers. What we need is journalism. For a century, the imperatives to strengthen journalism and to strengthen newspapers have been so tightly wound as to be indistinguishable. That's been a fine accident to have, but when that accident stops, as it is stopping before our eyes, we're going to need lots of other ways to strengthen journalism instead.

When we shift our attention from 'save newspapers' to 'save society', the imperative changes from 'preserve the current institutions' to 'do whatever works.' And what works today isn't the same as what used to work.

We don't know who the Aldus Manutius of the current age is. It could be Craig Newmark, or Caterina Fake. It could be Martin Nisenholtz, or Emily Bell. It could be some 19 year old kid few of us have heard of, working on something we won't recognize as vital until a decade hence. Any experiment, though, designed to provide new models for journalism is going to be an improvement over hiding from the real, especially in a year when, for many papers, the unthinkable future is already in the past.

For the next few decades, journalism will be made up of overlapping special cases. Many of these models will rely on amateurs as researchers and writers. Many of these models will rely on sponsorship or grants or endowments instead of revenues. Many of these models will rely on excitable 14 year olds distributing the results. Many of these models will fail. No one experiment is going to replace what we are now losing with the demise of news on paper, but over time, the collection of new experiments that do work might give us the journalism we need. <

further link:
www.shirky.com

Gesellschaft & Information

Medienrevolution

VON **DR. MARTIN OETTING**

Das Problem einer Revolution ist, dass man sie nicht versteht, wenn man mitten in ihr steckt. In den 60er-Jahren des letzten Jahrhunderts beschrieb Thomas Kuhn wissenschaftliche Revolutionen, in denen bestehende Vorstellungen über den Haufen geworfen und durch andere ersetzt werden. Ein Astronom beispielsweise, der jahrzehntelang die Erde als Scheibe begreift, kommt irgendwann mit seiner Arbeit nicht weiter. In ihm entsteht – anstelle mühsamer wissenschaftlicher Kleinarbeit – ein großer zerstörerischer Gedanke, der tausende Stunden mühsamer Forscherarbeit einfach zur Seite fegt: Die Erde ist eine Kugel! Und mit einem Mal können über Jahrhunderte entwickelte Erklärungen nicht mehr mit dieser neuen Vorstellung von unserer Welt vereinigt werden.

Es wird von einem Weltverständnis zu einem anderen umgeschaltet – von Kuhn damals Paradigmenwechsel genannt. Ein Wechsel, der alle Beteiligten unsicher macht: Die neue Theorie ist frisch und ungeprüft, keiner weiß, ob sie besser ist als die alte. Die konservativen Kräfte wehren sich, schließlich stehen Karrieren auf dem Spiel, Lebenswerke drohen sich in Nichts aufzulösen. Es dauert lange, bis sich ein neues Paradigma durchsetzt. Danach ist die Welt eine andere.

Frank Schirrmacher spricht in seinem jüngsten Buch „Payback" unter anderem davon, dass sein Kopf „nicht mehr mitkommt" beim „darwinistischen Wettlauf" im Internet. Er ist damit ein Paradebeispiel für die Verharrungskräfte in der medialen Revolution, die sich jetzt ereignet. Und er illustriert das Unbehagen, das der digitale Strukturwandel den klassischen Institutionen bereitet.

Die Veränderungen unserer Medienwelt sind so fundamental wie der Wechsel von der Scheibe zur Kugel. Kein Stein bleibt auf dem anderen. Dennoch wird so getan, als hätten wir die Wahl. Als könnten wir unsere alte Medienwelt behalten, wenn wir nur wollten, als sei das eine Frage der politischen Entscheidung. Dies erscheint jedoch mehr als fragwürdig.

Vier Elemente unserer massenmedialen Systeme

Die digitalen Kulturkämpfe, das Ringen um einen Neuanfang des Mediensystems und die Transformation der medialen Öffentlichkeit lassen sich erklären als ein Auseinanderfallen und eine Neujustierung von vier Teilsystemen unserer Mediensysteme.

Diese vier Teile sind:

- **Das Verteilungssystem** – die technische Infrastruktur für die Verbreitung der Inhalte. Hierfür waren bislang Druckerpressen, große Vertriebssysteme oder knappe Radio- und Fernsehfrequenzen sowie entsprechende Sender notwendig.
- **Das Finanzierungssystem** – die Art und Weise, wie mit Inhalten Geld verdient wird. Durch eine glückliche Fügung gab es bisher viel Geld zur Finanzierung von Mediensystemen. Solvente Interessenten suchten händeringend nach Wegen, Werbebotschaften unter das Volk zu bringen.
- **Das Produktionssystem** – die Reporter, Redakteure, Journalisten, Sprecher und Filmer, die Inhalte produzieren, welche dann verbreitet werden. Oder auch nicht. Was verbreitet wird und was nicht, hing immer vom vierten Faktor ab.
- **Das Filtersystem** – die Sortier- und Relevanzmechanismen, die Inhalte ordnen. Wenn die Kanäle knapp sind, muss entschieden werden, was verbreitet wird und was nicht. Das machen nicht die Redakteure, sondern deren Chefs, die Verleger. Das Filtern ist die entscheidende Machtfrage: Derjenige, der die teuren Verteilungssysteme aufgebaut und die Werbeeinnahmen hat, nimmt üblicherweise auch das Filtern vor – bei Axel Springer wurde anders gefiltert als bei Rudolf Augstein.

Ein Irrtum in vielen Debatten über den Medienwandel besteht darin, eine zwingende Verknüpfung zwischen diesen vier Subsystemen anzunehmen. Vielmehr entstehen die aktuellen Verwerfungen aufgrund von fundamentalen Veränderungen in nur zwei dieser Subsysteme.

Revolution, Teil 1: Medialer Platz ist endlos.

Die Finanzierungslogik hat bisher darauf basiert, dass mediale Verbreitung knapp ist. Ein Medienkanal hat Geld in die Kassen gespült, weil im massenmedialen System immer für die Knappheit des Verbreitungssystems gezahlt wurde, nie für die Knappheit der Nachricht. Im Journalismus wurde nicht reich, wer gut schreiben oder recherchieren konnte. Reich wurde, wer die Druckerpresse oder den Sender kontrolliert hat und damit auch die Werbeeinnahmen. Das ist mittelfristig vorbei.

Beispiel Coca-Cola: Je mehr Menschen über „Coke Fridge" oder Facebook direkt erreicht werden, desto weniger muss in traditionelle Werbung investiert werden. Und wenn im Internet dafür noch obendrein Werbung geschaltet wird, dann ist sie in jedem Fall billiger als in traditionellen Medien, denn was nicht knapp ist, kann nicht viel kosten. Bei Coca-Cola gibt es jedenfalls keine ursächliche Neigung, die Nahost-Korrespondenten der FAZ oder das Hauptstadtbüro von RTL zu finanzieren.

Wer diesen Umstand verkennt und, wie Miriam Meckel kürzlich in der FAZ, diffus die Gesellschaft auffordert, Lösungen zu finden, die den Status Quo werbefinanzierter Medien bewahren, hat offenbar nicht begriffen, dass es eben gerade keine automatische ursächliche Verbindung zwischen Unternehmerinteressen und funktionierendem Journalismus gibt.

Revolution, Teil 2: Filtern wird demokratisch.

Die zweite fundamentale Veränderung ergibt sich im Subsystem der Filter. Wo dank freier Verbreitungskanäle nicht mehr vor dem Veröffentlichen gefiltert werden muss, verschiebt sich die Filteraufgabe auf den Empfänger – was auch das Problem umreißt, mit dem Frank Schirrmacher offenbar hadert. Verlage und Sender versagen bislang vor dieser Herausforderung. Das bislang einzig lukrative Instrument, das interessanterweise wiederum auf Werbung basiert, hat Google entwickelt – und daher haben wohl die Verleger Google auch zum Feindbild erklärt. Das Filtern war bislang Verlegermacht, gekoppelt an die Kontrolle über die Verbreitungssysteme; es hat sie zur vierten Gewalt im Staat gemacht. Interessant ist, dass die Verleger ihre Gegnerschaft zu Google nicht mit dem Filterthema begründen, sondern beklagen, Google würde guten Journalismus unmöglich machen.

Klar ist: Das Filtern verlagert sich von wenigen zu vielen und von Gatekeepern hin zu maschinell, kollaborativ oder von beidem geprägten Filtersystemen. Es ist schwer vorstellbar, dass diese Bewegung wieder umgekehrt werden kann. Forderungen an die Politik, dass den alten Filtersystemen – die nach Willkür und dem politischen Interesse von Einzelpersonen funktionieren – ihre angestammte Bedeutung zugewiesen werden müsse, sind nur schlecht begründbar.

Was ist zu tun?

Es steht außer Zweifel – jede Demokratie braucht professionellen Journalismus. Wir können uns nicht leisten, dass niemand kritisch aufpasst, Fragen stellt und nachbohrt, die Wahrheit sucht und findet, Fakten entdeckt und erklärt. Klar erscheint aber auch: Mittelfristig werden die Medienmacher, die wirklich Substanz schaffen, nicht mehr von den Krumen ernährt werden, die übrig bleiben, wenn alle anderen bezahlt sind: die Eigentümer der Verbreitungssysteme und all jene, die mitarbeiten, aber keine journalistischen Werte erzeugen, weil sie stattdessen Agenturmeldungen kopieren, Bilderklickstrecken erfinden oder Suchmaschinen austricksen – Aktivitäten, mit denen sich große Medienhäuser heute vielfach im Internet betätigen.

Das ist keine schlechte Nachricht. Wenn wir den Unterhalt großer Distributionskanäle und das Premium der institutionellen Filter nicht mehr zu bezahlen brauchen, dann müsste auch der Journalismus günstiger werden. Vielleicht ist er auch mit knapperen Werbeeinnahmen finanzierbar? Zu erwarten, dass die Verlage und Medienhäuser weiterhin an diejenigen, die wahrhaftig im Sinne journalistischer Arbeit unterwegs sind, spärliche Gehälter zahlen, nachdem sich alle anderen Kostenstellen am Werbekuchen bedient haben, erscheint dagegen als zweifelhafte Strategie.

Experimente sind der Weg durch die Revolution

Als Johannes Gutenberg oder Guglielmo Marconi die Grundlagen gelegt haben, gab es keine Richtschnur dafür, wie daraus irgendwann funktionierende Mediensysteme als Teil demokratischer Ordnung werden können. Sie sind gewachsen, aus unzähligen Experimenten, über Jahrhunderte. Wir erleben gegenwärtig einen Umbruch wie zu Zeiten Gutenbergs. Darum ist es zu früh, alle Antworten zu verlangen. Es helfen nur Experimente: Mini-Videoteams, die Mikrofernsehen im Gericht machen. Kollaborative Projekte, in denen man versucht zu verstehen, auf welche Weise viele Mitwirkende journalistische Arbeit gemeinsam besser machen können. Oder eine Seite, auf der die Leser für die Geschichte spenden, die ihnen am wichtigsten erscheint. Dies sind nur drei Beispiele für Experimente, mit denen bereits heute gearbeitet wird, vornehmlich in den USA. Natürlich können auch Stiftungen und freiwillige Geldgeber eine Rolle spielen. Experimente können dann auch scheitern – die Netzeitung sei als Beispiel genannt.

Eine entscheidende Frage ist, ob in Zukunft tatsächlich der Qualitätsjournalismus nicht mehr bezahlbar ist, oder ob es allein die traditionellen massenmedialen Verteilungssysteme und die daran hängenden Konzerne sind, die laut eigener Aussage aus Online-Werbeeinnahmen nicht finanziert werden können – während sie häufig alles andere als Qualitätsjournalismus betreiben.

Die Kugel gestalten

In ihrer bestehenden Form wird unsere Medienlandschaft nicht weiter existieren. Sie kann es nicht, bei einer so radikalen Veränderung, die ihr die ökonomische Grundlage entzieht. Offen ist allein, wie lange der Veränderungsprozess dauert. Daher ist dieser Text auch keine Utopie oder Brandrede, sondern nur ein weiterer Versuch, das Unvermeidbare zu verstehen.

Ebenso wie es in der Welt der Wissenschaft immer und immer wieder Paradigmenwechsel gegeben hat, gibt und gab es sie in den verschiedensten Bereichen unseres technischen Lebens. Der elektrische Strom machte der Dampfmaschine das Leben schwer. Das Pferd wurde vom Auto ausmanövriert. Das Telefon ersetzte den Telegrafen. Immer sind dabei Konzerne – ganze Weltreiche manchmal – untergegangen, immer sind dabei neue Welten und Unternehmen entstanden. Die wiederum neue (meistens: mehr) Arbeit geschaffen haben und neuen Wohlstand.

Was uns bei der aktuellen Revolution am ehesten beunruhigen sollte, ist die Art und Weise, mit der große Teile der deutschen Medienlandschaft diese zwingende ökonomische Logik verneinen und der Politik einzureden versuchen, das Problem ließe sich durch Verbote und Rezepte aus der alten Welt regeln. Kuhn hat erklärt, dass die Welten vor und nach einem Paradigmenwechsel „inkommensurabel" seien. Mit anderen Worten: so anders, dass es unmöglich ist, sie zu vergleichen. Geschweige denn, Rezepte aus der alten in der neuen Welt anzuwenden.

Die Medienwelt ist keine Scheibe mehr. Sie wird zur Kugel. Anstatt darüber zu streiten, wo am Firmament welcher Stern aufgehängt sein sollte, sollten wir eintausendundein Experiment wagen, um dieser Kugel ihre Form zu geben. <

Dieser Text erschien in etwas längerer Form auf der Internetseite CARTA (http://carta.info), unter dem Titel „Kommunikationswandel: Die vier Subsysteme des Medienapparats"

Weitere Links:
www.trnd.com
www.connectedmarketing.de/
http://twitter.com/oetting

der lange Weg zur Arbeit

7:00

7:01

Weltweit verdienen etwa 1,3 Millionen Menschen ihren hauptsächlichen Lebensunterhalt durch den Handel bei eBay..

0m　　　　1m　　　　2m

Webonomics

Open Innovation: Hebelwirkung in einer flachen Welt erzielen

VON **PROF. DR. OLIVER GASSMANN**

Die Welt ist flach; sie ist im Zeitalter der Vernetzung definitiv zum globalen Dorf geworden. Was im Alltag der Chatforen offensichtlich ist, wird inzwischen im professionellen Management von Innovation erfolgreich umgesetzt. Innovation als kreativer Wertschöpfungsprozess ist heute vor allem globaler, interaktiver und offener geworden. In globalen Unternehmen ist der indische Programmierer in Bangladore längst zum Kollegen, Lieferanten, Wettbewerber oder Sparring Partner der lokalen Produktentwicklung geworden. Forschung, Technologie und die industrielle Entwicklung sind globaler und offener geworden. Ein zentraler Katalysator ist dabei das Web und die moderne Informations- und Kommunikationstechnologie, welche soziale Präsenz und Reichhaltigkeit der Kommunikation in virtuellen Teams enorm erhöht hat. Europäische Unternehmen innovieren heute mit 30% ihrer F&E-Aufwendungen im Ausland. Schweizer Unternehmen geben trotz exzellenter helvetischer Forschungsbedingungen fast die Hälfte der F&E-Ausgaben im Ausland aus, um vor allem auf die besten Talente in den geografischen Spitzenzentren zuzugreifen und neue Märkte zu erobern.

Innovation ist heute auch nicht mehr nur der nationale Schatz, der nahe dem Headquarter hinter geschlossenen Türen gehütet wird. Stattdessen werden Hebeleffekte in der Wissensgenerierung erzeugt, indem die besten Talente weltweit für die eigenen Innovationsanstrengungen genutzt werden. Als wir unsere Arbeiten zu Open Innovation vor zehn Jahren begonnen hatten, mussten wir noch stark nach Beispielen suchen. Heute verzeichnen wir eine enorme Anfrage nach Begleitung von Open Innovation-Initiativen in der Praxis; unsere Special Issues zu Open Innovation R&D Management und IJTM haben eine sehr hohe Aufmerksamkeit erfahren. Dabei sind die herausragenden Beispiele nicht so neu: Cisco hat erfolgreich ‚Forschung und Akquisition' betrieben und hat damit mit relativ kleiner F&E-Gruppe erfolgreich die großen Wettbewerber mit Bell Labs innovationsmäßig überholt. Auch wurde der iPod nicht von Steve Jobs erfunden, wie häufig in der Presse zu lesen. Vielmehr hat ein kreativer Unternehmer, Tony Fadell, die Idee gehabt und den Prototyp Apple vorgestellt. Apples Verdienst lag in der erfolgreichen, designstarken Implementierung. Steve Jobs glaubte vor allem an den Internetverkauf von Musik, während Sony vor allem juristisch gegen die Folgen der MP3-Technologie im Web kämpfte. Für Procter & Gamble steht Open Innovation ganz oben auf der Management-Agenda: Für 2009 sollten 50% aller Innovationen von externen Quellen kommen, was übertroffen wurde. Siemens startete im gleichen Jahr mit einer Open Innovation-Initiative mit Programmverantwortlichem unterhalb des Vorstands. Zahlreiche Großunternehmen folgten der systematischen Öffnung von Xerox und Philips. Neben der Elektronikindustrie sind vor allem pharmazeutische Unternehmen am Füllen ihrer Innovations-Pipelines durch den Ankauf und die Ein-Lizensierung externer Forschungsergebnisse, häufig in der präklinischen Phase.

Treiber von Open Innovation

Kern des Open Innovation-Ansatzes ist die Durchlässigkeit der Unternehmensgrenzen im Innovationsprozess, um externe Potenziale im Sinne von Wissen, Kompetenzen und Fähigkeiten interaktiv zur Generierung von Wertschöpfung zu nutzen. Dabei kann man unterscheiden in Outside-in-Innovation wie z.B. Crowdsourcing, User Innovation, Lieferanteninnovation, Technologie-Scouting, Cross-Industrie-Innovation und Inside-out-Innovation wie der externen Technologiekommerzialisierung. IBM setzt jährlich über 1 Milliarde Dollar über Lizenzierung und Know-how-Verträge um.

Open Innovation wird getrieben durch fünf Trends: (1) Kunden werden emanzipierter, vernetzen sich und bewerten Produkte, auch ohne gefragt zu werden. Googelt man ‚Dell Hell' so kommen in einem Bruchteil von Sekunden über hunderttausend Einträge, nur weil eine Person erfolgreich gebloggt hat. Innovative Unternehmen reagieren nicht erst bei negativen Schlagzeilen, sondern binden die Kunden frühzeitig in den Innovationsprozess ein. (2) Die Globalisierung fördert offene Innovationsmodelle, da leichter Skaleneffekte erzielt und Standards gesetzt werden können. (3) Zunehmende Technologieintensität erschwert es selbst den größten Unternehmen, eine Technologie komplett alleine zu entwickeln. Stattdessen wird in High-Tech-Industrien mehr kooperiert. (4) Technologiefusionen wie Mechatronics, Optronics und Bioinformatic führen zu neuen Industriegrenzen. So steht IBM heute weltweit auf Platz 8 bezüglich Patenten im Biotechnologiesektor. (5) Open Source-Software hat tausende von dezentralisierten Programmierern über das Web zusammengeführt, um erfolgreich Produkte zu entwickeln wie Linux oder Apache. Hier entstehen enorme Hebeleffekte in der Wissensgenerierung mit gesellschaftlichen Auswirkungen: Die neuen Wissensarbeiter als Freelancer und Portfolioarbeiter bieten ihr Wissen verschiedenen Organisationen gleichzeitig an und ersetzen die Konzernsoldaten mehr und mehr. Die Unternehmen werden als Folge zunehmend zu Wissensbrokern.

Crowdsourcing: Lernen von Bienen

Innovieren im stillen Kämmerlein des geschlossenen F&E-Labors im Stile von Edison reicht nicht mehr aus: Kunden, Experten und Marken-Communitys können zum starken Innovationsmotor werden. Crowdsourcing beinhaltet die Auslagerung von konkreten, problemorientierten Forschungs- und Entwicklungsaufgaben an externe Experten, Kunden, aber auch an unbeteiligte Amateure. Ideen werden von außen geholt und im Unternehmen marktgerecht umgesetzt. Wertschöpfung wird auf Basis des Internets interaktiv in einem großen undefinierten Netzwerk von freiwilligen Problemlösern geschaffen. Das große Potenzial der Schwarmintelligenz, welche wir von Bienen kennen, wird genutzt, um erfolgreich zu innovieren. Die Crowdsourcing-Plattformen und die Präsentation der zu lösenden Probleme sind dabei sehr unterschiedlich und beschränken sich nicht nur auf Produktentwicklung. Bekannte Plattformen sind Innocentive für forschungslastige Expertenthemen oder Atizo für eher kundennahe Themen und Marketing. Es gibt aber auch zahlreiche firmenspezifische Plattformen, wie z.B. von BMW, Osram, Siemens. Neben der direkten Suche nach einer Problemlösung findet hier auch Signaling statt: „Wir sind interessiert an euren Bedürfnissen und Ideen. Wir sind innovativ und offen."

Typischerweise folgt Crowdsourcing folgenden Schritten: Das Unternehmen adressiert ein Problem, sucht sich die geeignete Plattform oder schafft sich bei einer starken eigenen Community eine solche. Das Problem, die Aufgabe oder das Ziel wird online veröffentlicht und mit Incentives versehen. Die Zuckerstückchen können von etwas Anerkennung bis zu Summen über 100.000 Dollar reichen. Die eingereichten Lösungsvorschläge, Ideen und Konzepte werden durch die Crowd oder das Unternehmen evaluiert und die besten Lösungen werden prämiert.

Erfolgreiches Crowdsourcing birgt aber auch Herausforderungen:
- die Offenlegung der eigenen Stoßrichtungen auch gegenüber dem Wettbewerber; wo sieht Eli Lilly das größte Innovationspotenzial?;
- die hinreichende Konkretisierung eines Problems; das 1-Liter-Auto als Vorgabe ist bekannt und reicht meist nicht aus für gute Lösungsvorschläge;
- die niedrige Entlohnung der Innovatoren kann bei sehr erfolgreichen Produkten zu Reputationsschäden führen;
- die Motivation der Crowd; bei starken Markencommunitys wie BMW oder Harley Davidson ist dies einfacher als bei den sogenannten Low-interest Produkten wie Waschmittel oder Besen;

▸ die Klärung der Rechtslage; oft möchten die Ideengeber später beim Markterfolg partizipieren; dies ist klar zu regeln.

Es lohnt sich, einige Fragen zu beantworten: Welches konkrete Problem, welche Aufgabe oder welches Ziel wird adressiert? Erlauben wir den Kunden oder externen Experten einen Blick hinter unsere Kulissen? Sind wir überhaupt willig, externen Input zu akzeptieren, oder scheitert später die Umsetzung am bekannten Not-Invented-Here-Syndrom? Können wir unsere externen Innovatoren und Kunden überhaupt motivieren? Werden wir als fair wahrgenommen mit unseren Incentives? Findet man plausible Antworten für diese Fragen, lohnt sich die Öffnung der Innovationsprozesse nach außen.

Wo geht die Reise hin?

Open Innovation ist zum Mantra des modern innovierenden Unternehmens geworden. Zahlreiche Erfolgsbeispiele untermauern dies mit größeren Folgen. Wissen wird dezentralisiert generiert und über diverse Kanäle unterschiedlich kommerzialisiert. 2007 fand die erste öffentliche Auktion von Patenten in Europa statt, dabei wurden mehr als 70 Millionen Euro umgesetzt. Mehr und mehr Patentfonds werden gegründet, die Deutsche Bank und Credit Swiss sind im deutschen Sprachraum führend. Werden die Patent Trader zu den Heuschrecken des nächsten Jahrzehnts?

Die positiven Folgen liegen in der Demokratisierung der Innovationsprozesse: Kunden sind nicht mehr länger nur Marktsegmente und Objekte, sondern agierende Ideengeber und Innovatoren. Die Philosophie wechselt von der hierarchischen Innovations-Kathedrale zum Basar von Ideen, bei dem Adam Smith's unsichtbare Hand unterstützend wirkt. Erfinden im stillen Kämmerchen wird zumindest stark ergänzt durch interaktive Formen der Co-Creation. Damit wird Innovation offener, mutiger, vernetzter mit den Folgen von beschleunigten Prozessen und Feedback-Loops.

Wichtig ist jedoch auch die Erkenntnis im Management von Innovation: Innovieren als reine Einkaufsliste wird zum Rohrkrepierer. Die Ideen und Konzepte der externen Impulsgeber müssen im eigenen Unternehmens- und Produktkontext kompetent bewertet werden können. Co-Creation ist auch ein ständiges Geben und Nehmen. Wer nur nimmt, ist rasch isoliert. Wer jedoch die Opportunitäten in der flachen und offenen Welt kompetent und fair ergreift, wird nachhaltig zu den Gewinnern im neuen Innovationspiel gehören. ‹

Weitere Links:
www.item.unisg.ch

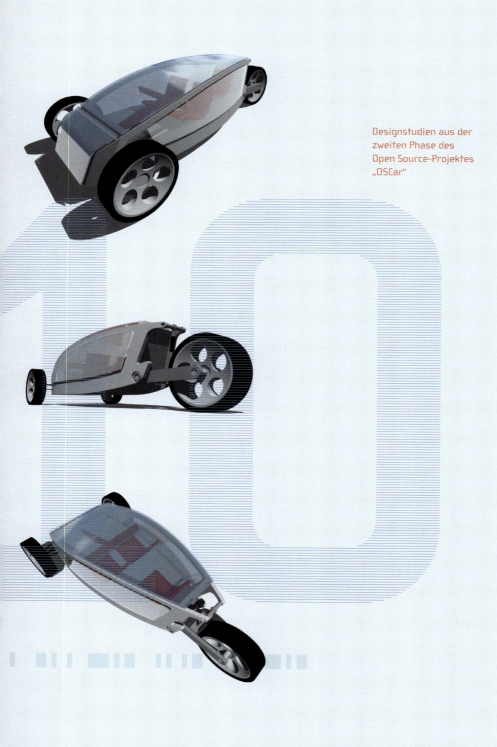

Designstudien aus der zweiten Phase des Open Source-Projektes „OSCar"

Webonomics

Customer Co-Creation:
Interaktive Wertschöpfung zwischen Unternehmen und Kunden

VON **PROF. DR. PROF. DR. RALF REICHWALD**[1]
UND **PROF. DR. FRANK PILLER**

Kunden sind heute nicht mehr nur passive Empfänger und Konsumenten einer von Herstellern autonom geleisteten Wertschöpfung. Vielmehr gestalten sie Produkte oder Dienstleistungen mit und übernehmen teilweise sogar deren Entwicklung und Herstellung. Diese Wertschöpfungspartnerschaft führt zu neuen Formen der Arbeitsteilung, der Koordination und Organisation von Innovations- und Produktionsprozessen. In diesem Beitrag zeigen Frank Piller und Ralf Reichwald die wesentlichen Prinzipien, aber auch Herausforderungen einer solchen interaktiven Wertschöpfung.

Obwohl Forschung und Entwicklung als letzte verbleibende Kerndisziplin europäischer Unternehmen gilt und höchste Managementpriorität genießt, scheitern je nach Branche zwsichen 50 und 80 Prozent aller neuen Produkte – allen Innovationsoffensiven und neuen Marktforschungsmethoden zu Trotz. Ursache dafür ist in den meisten Fällen nicht eine mangelnde technische Produktqualität, sondern vielmehr, dass die neuen Produkte keinen ausreichenden Kundennutzen schaffen. Sie wurden am Markt vorbei entwickelt.

„Interaktive Wertschöpfung" ist unser Vorschlag, dieses Problem zu reduzieren. Dabei setzen wir nicht nur auf den Ingenieurgeist großer Forschungsabteilungen, sondern auch auf die Ideen der Kunden und Abnehmer. Unsere Idee in aller Kürze: Kunden sollen die Produkte selbst (mit-)entwickeln, die sie später nutzen wollen. In unseren Forschungsarbeiten auf diesem Gebiet haben wir faszinierende Systeme gefunden, wie Kunden untereinander komplexe technische Entwicklungsaufgaben koordinieren und lösen – manchmal besser als etablierte große Industrieunternehmen, aber auf jeden Fall näher an den wirklichen Kundenbedürfnissen.

Wie Threadless mit seinen Kunden als aktive Wertschöpfungspartner hohe Gewinne macht

Ein gutes Beispiel kommt aus der Modebranche, wo das Problem von „Top oder Flop" seit jeher gilt. Doch eine stetig zunehmende Heterogenisierung der Bedürfnisse macht eine Trendprognose heute schwieriger denn je. Ein Unternehmen dieser Branche hat dieses Problem jedoch nicht: Flops oder verpasste Trends sind für Threadless, ein junges Modeunternehmen aus Chicago, unbekannt. Dabei hat Threadless weder Trendscouts oder Stardesigner noch eine große Marketingabteilung. Das im Jahre 2000 in Chicago gegründete Unternehmen verkauft mit großem Erfolg ein einfaches Produkt: modische, bedruckte T-Shirts, pro Monat mehr als 60.000 Stück. Das Besondere: Alle zentralen Aufgaben eines klassischen Modeunternehmens sind an die Kunden ausgelagert: Manche Kunden designen die T-Shirts, andere machen Verbesserungsvorschläge zu den Entwürfen (pro Woche werden mehr als 800 Entwürfe erstellt!).

Die Mehrheit der Kunden bewertet lediglich die Entwürfe anderer und wählt diejenigen aus, die aus der Konzeption in die Produktion gehen sollen. Die Kunden übernehmen dabei das Marktrisiko, da sie sich zum Kauf eines Wunsch-T-Shirt (moralisch) verpflichten, bevor dieses in Produktion geht. Sie übernehmen auch die Werbung, posieren als Models und sind die Fotografen für die Katalogfotos.

Für fast alle dieser Aktivitäten bekommen sie keine monetäre Gegenleistung, lediglich die wenigen Hobby-Designer, deren Motive tatsächlich produziert werden, bekommen eine Pauschale von 2.000 Dollar für einen Entwurf (ausgewählt werden pro Woche ca. 3-4 neue Designs, die dann in hohen Auflagen gedruckt und für 15 Dollar verkauft werden).

Erstaunlicherweise fühlen sich die Kunden dabei aber nicht etwa ausgenutzt, ganz im Gegenteil! Sie zeigen große Begeisterung für das Unternehmen, das ihnen diese Mitwirkung ermöglicht. Sie beschützen Threadless sogar vor Nachahmern, deren Web-Sites sie hacken, und übermitteln unzählige Ideen, wie das Unternehmen noch besser und produktiver werden kann. Threadless selbst fokussiert die Bereitstellung und Weiterentwick-

Keine Angst vor traditionellen Bekleidungsunternehmen: Die Firma Threadless setzt auf Wertschöpfung durch ihre Kunden.

lung der Internet-Plattform, auf der die Interaktion mit und zwischen den Kunden abläuft. Das Unternehmen definiert die Spielregeln, honoriert die Kunden-Designer, deren Entwürfe für eine Produktion ausgewählt wurden, und steuert den materiellen Leistungserstellungsprozess (Herstellung und Distribution).

Beispiele für Produkte, die auf dem Wissen der Nutzer bzw. Kunden basieren

Was sich in diesem Beispiel wie eine kreative Spielerei Einzelner anhört, ist kein Einzelfall: Immer mehr etablierte Unternehmen wie Audi, Adidas, BMW, Huber Group, Eli Lilly oder Procter & Gamble beginnen mit dem Aufbau dezidierter Organisationsstrukturen, um mit ihren Abnehmern und Nutzern gemeinsam Produkte zu entwickeln, zu produzieren oder zu verkaufen. Innovative Neugründungen wie MySQL, Spreadshirt oder Zagat haben wie Threadless ihr Geschäftsmodell ganz auf die Co-Kreation ihrer Produkte durch den Kunden ausgerichtet.

Beeindruckende Beispiele im Internet sind das Lexikon Wikipedia, die Fotoseite Flickr, das Online-Spiel Second Life (trotz aller negativer Presse bzw. keine Berichte heute immer noch ein großer kommerzieller Erfolg), die Community Facebook oder das Open-Source-Betriebssystem Linux. Dies sind bekannte Beispiele für hoch erfolgreiche und profitable Geschäftsmodelle, die oft auch mit dem Schlagwort „Social Commerce" bezeichnet werden. Auch hier werden die Inhalte durch die Nutzer selbst bereitgestellt und interaktiv gemeinsam genutzt. Dies geschieht entweder auf einer Plattform, die ein Unternehmen geschaffen hat (Flickr, Second Life, Facebook), oder aber durch die Nutzer selbst (Wikipedia, Open Source).

Und selbst erfolgreiche Großunternehmen wie Google, Amazon oder eBay verlassen sich beim technischen Rückgrat ihres Geschäfts auf Nutzerentwicklungen. Sie alle nutzen den Web-Server Apache, ein reines Open-Source-Produkt, das heute einen Marktanteil von 65 Prozent hat – konzipiert und gebaut allein von freiwilligen Nutzern. Und obwohl es bei Apache keine offizielle Service- oder Support-Abteilung gibt, ist die Zufriedenheit der – meist geschäftlichen – Nutzer deutlich höher als bei den kommerziellen Konkurrenten. Denn auch der After-Sales-Service wird komplett durch eine hoch motivierte Community von freiwilligen Nutzern übernommen.

Nutzer-Innovationen gibt es heute nicht nur bei digitalen Gütern wie Software, wie das Beispiel Threadless gezeigt hat. Derzeit warten wir gespannt darauf, dass das im Januar 2006 relaunchte OSCar-Projekt (Open-Source-Car) eine ernsthafte Alternative zu den Automobilen der großen Hersteller bietet. Hier wollen Nutzer ein neues Auto entwickeln, das nach den gleichen Prinzipien wie Open-Source-Software entwickelt wird: Verteilt in einer Community leisten die Teilnehmer jeweils einen kleinen Beitrag, der von anderen aufgegriffen wird, bis eine komplexe Lösung entstanden ist.[2]

Eine neue Form der Arbeitsteilung entsteht: Wie die Organisation von Nutzerinnovation die Ökonomie revolutioniert

Diese neue Form der Organisation industrieller Arbeitsteilung ist das eigentlich Besondere an der interaktiven Wertschöpfung. In einem Unternehmen ist es die hierarchische Aufgabenverteilung und Kontrolle durch den Vorgesetzten, die die Arbeiten einzelner Mitarbeiter koordiniert. Bei Arbeitsteilung zwischen Unternehmen, also in Märkten, ist der Preismechanismus das zentrale Koordinationsmittel. Diese Koordinationsprinzipien aber greifen bei den zuvor genannten Beispielen nicht mehr: Bei Threadless gibt es keine Designchefs, die ihre Mitarbeiter anleiten, bestimmte Entwürfe zu gestalten, bei Wikipedia keine Redakteure, die einen neuen Artikel in Auftrag geben. Auch gibt es keine Preise oder materielle Entlohnung für die Beiträge der Kunden.

Bei diesen Beispielen werden die klassischen Koordinationsmechanismen durch Selbstmotivation, Selbstselektion und Selbstorganisation der Akteure ersetzt. Es gibt weder Hierarchien noch klassische Märkte. Jeder leistet den Beitrag, den sie oder er am besten verwirklichen kann – oder in dem Bereich, wo ein Teilnehmer bereits Wissen hat, das für eine Problemlösung weiterverwendet werden kann.

Das Internet erlaubt es einzelnen Nutzern und Konsumenten, sich flexibel zu organisieren und mit Gleichgesinnten komplexe Produkte zu schaffen, aber auch, einander zu finden, andere Nutzer für den Test von Ideen zu gewinnen und die Ergebnisse der gemeinsamen Arbeit zu teilen. Dieses Organisationsprinzip nennen wir in Anlehnung an Yochai Benkler, Professor an der Harvard Law School, „Commons-based Peer Production": Peer-Produktion, da eine Gruppe Gleichgesinnter („Peers") gemeinschaftlich ein Gut produziert, „Commons-based", da das Ergebnis der Allgemeinheit zur Verfügung steht und auf offenem Wissen („Commons") basiert.

Voraussetzungen, damit interaktive Wertschöpfung funktioniert

Damit diese Selbstorganisation funktioniert, müssen drei Bedingungen erfüllt sein:

Erstens muss sich die Gesamtaufgabe in viele kleine Teilaufgaben spalten (Prinzip der „Granularität") und einfach über eine Interaktionsplattform verteilen lassen. Denn nur so kann die Hürde und der Aufwand für einzelne Nutzer gesenkt werden. Ziel ist, dass komplexe Aufgaben durch die verteilten Fähigkeiten vieler gelöst werden können, indem einzelne Nutzer vorhandenes Wissen optimal anwenden.

Zweitens müssen ausreichend viele motivierte Teilnehmer gewonnen werden können. Die Motivation der teilnehmenden Kunden und Nutzer ist einer der faszinierendsten Aspekte der interaktiven Wertschöpfung. Denn die klassische Ökonomie geht von rational Handelnden aus, d.h. sie tragen nur dann etwas bei, wenn sie dafür auch einen Gegenwert bekommen. Materielle Anreize fehlen bei den genannten Beispielen aber fast völlig. Doch die Peer-Produktion setzt genau am Selbstinteresse der Akteure an: Die Teilnahme schafft ein Gut, das entweder billiger ist als eine kommerzielle Alternative oder aber besser und sonst nicht am Markt in dieser Form verfügbar. Die Kunden-Produzenten sind ihre eigenen Konsumenten. Sie entwickeln und testen zugleich, ob eine Lösung ihrem Bedürfnis entspricht. So bekommen Nutzerinnovatoren ein besseres und genau passendes Produkt.

Damit dies aber funktioniert, muss die dritte Voraussetzung, Offenheit und ein nicht-proprietärer Schutz der geschaffenen Güter („commonsbased"), erfüllt sein. Eric von Hippel, amerikanischer Vordenker über Nutzerinnovation am MIT, sieht deshalb die bestehenden Patentsysteme als einen wesentlichen Faktor, der heute in etlichen Bereichen Innovation verhindert. Er verlangt Reformen, um die Wiederverwertung von vorhandenem Wissen zu erleichtern. Genau deshalb ist Open-Source-Software so effizient und leistungsfähig: Da ohne aufwendige Lizenzierung auf vorhandenes Wissen zur Lösung neuer Probleme zurückgegriffen werden kann. Interaktive Wertschöpfung basiert so auf der zumindest teilweisen Öffnung des Wissens der Beitragenden zur Nutzung, Kombination und Weiterentwicklung durch andere.

Open Innovation und Mass Customization

Wir unterscheiden zwei grundlegende Formen der interaktiven Wertschöpfung: Je nach Ausmaß und Phase der Wertschöpfungsprozesse, die mit den Kunden gemeinsam vollzogen werden, sprechen wir von
- **Open Innovation**, d.h. die Zusammenarbeit zwischen Unternehmen und Kunden im Innovationsprozess. Hier interagiert ein Hersteller mit einigen besonders fortschrittlichen und kreativen Kunden bzw. Nutzern bei der Entwicklung neuer Produkte und Leistungen für einen größeren Abnehmerkreis.

- **Mass Customization** (oder auch Customer Co-Design), d.h. die Zusammenarbeit zwischen Unternehmen und Kunden im Produktions- und Vertriebsprozess. Ziel ist die Entwicklung eines individualisierten Produktes für einen Abnehmer. Hierbei ist jeder einzelne Abnehmer in die Leistungsentwicklung einbezogen, da er ja das Produkt anhand seiner individuellen Wünsche konkretisieren muss.

Der Stand der Umsetzung von interaktiver Wertschöpfung

Der Trend zur Produktindividualisierung im Sinne von Mass Customization ist in einzelnen Branchen deutlich erkennbar. In der Maschinenbaubranche sind einzelne Unternehmen auf dem Weg zur Weltklasse in der Koordination und Interaktion mit ihren Kunden und der Produktindividualisierung in weltweit verteilten Produktionsnetzwerken zu Kosten einer Groß-Serienproduktion. Während Mass Customization bereits in recht vielen Unternehmen in Ansätzen umgesetzt wird, praktizieren erst wenige Unternehmen hierzulande Open Innovation mit ihren Kunden. In den USA sieht das schon anders aus: Dort haben Branchenriesen wie Procter & Gamble, Kraft oder 3M klare Strategien, um neue Produkte zusammen mit ihren Kunden zu entwickeln. Sie haben sich von der Vorstellung, Wettbewerbsvorteile allein durch große interne Forschungsabteilungen zu beziehen, schon längst verabschiedet. Sie haben erkannt, dass die wichtigsten Impulse von ihren Kunden oder auch von Hobbyentwicklern kommen können.

Im Internethandel kommen heute viele erfolgreiche Neugründungen von Unternehmen, die ihre Nutzer ganz aktiv mit einbeziehen und nicht nur als reine Konsumenten sehen. Das Leipziger Unternehmen Spreadshirt ist ein Beispiel dafür, das Hobbykaufhaus Dawanda ein anderes. Und mehr als 64.000 Deutsche verdienen laut BusinessWeek mindestens 25% ihres Einkommens durch eBay. So ist eBay inzwischen das Ausbildungs- und Trainingszentrum für eine neue Generation von Unternehmern in Deutschland geworden.

Man sollte aber auch nicht vergessen, dass auch die klassische Massenproduktion viele Jahrzehnte gebraucht hat, bis sie in modernen Produktionssystemen perfektioniert wurde. Genauso wird es auch noch etwas dauern, bis sich interaktive Wertschöpfung als breites Phänomen zeigt. Ein Faktor aber ist heute anders: Waren die klassischen Unternehmensformen dem Änderungswillen des Managements ausgesetzt, so bestimmen heute die Kunden den Takt des Wandels und treiben diesen unaufhörlich voran – mit oder ohne Unternehmen. <

www.gabler.de/index.php;do=show/book__id=16302

Weiterführende Informationen:
www.open-innovation.com: Informationsportal mit vielen Case Studies und weiterführender Literatur zum Download

http://mass-customization.blogs.com
Blog zum Thema mit vielen aktuellen Beispielen und Kommentaren zum Stand der Umsetzung

Weitere Links:
http://tim.rwth-aachen.de
http://scg.mit.edu

11

Viele traditionelle
Unternehmen mussten 2009
Insolvenz anmelden

Webonomics

Lang lebe das Enterprise 2.0:
Ein Rezept gegen die sinkende Lebenserwartung von Unternehmen

VON **DR. FRANK SCHÖNEFELD**

Gerade ist die durchschnittliche Lebenserwartung in Deutschland wieder gestiegen: Sie lag 2009 bei 77,2 Jahren für neugeborene Jungen und bei 82,4 Jahren für Mädchen[1]. Ein hoffentlich friedliches, arbeitsreiches und erfülltes Leben liegt vor ihnen. In wie vielen Firmen[2] werden sie arbeiten müssen, wenn wir annehmen, dass unsere neuen Erdenbürger 50 Jahre lang arbeiten wollen?

Nun, die durchschnittliche Lebensdauer eines Unternehmens beträgt 12,5 Jahre[3]. Familienunternehmen in Deutschland werden 24 Jahre alt[4]. Nur 7% von ihnen werden bis in die 3. Generation weitergegeben. Die Lebensdauer von Firmen im S&P 500 Index ist von 75 Jahren (1938) auf unter 15 Jahre (2005) gesunken[5]. Die Chance für unsere Neugeborenen auf eine lebenslange Beschäftigung in einer Firma ist sehr gering, eher wird eine Folge wechselnder Firmen die Regel sein.

In Deutschland sind eine Reihe traditionsreicher Firmen, die teilweise schon ein beträchtliches Lebensalter aufweisen konnten, 2009 in die Insolvenz gegangen: Quelle (82 Jahre alt), Escada (33 Jahre alt), Karstadt (128 Jahre alt), Woolworth (80 Jahre alt (in D)), Karmann (108 Jahre alt), Qimonda (3 Jahre alt), Schiesser (134 Jahre alt), Märklin (150 Jahre alt), Wolf-Garten (87 Jahre alt), Rosenthal (130 Jahre alt), – wir wollen die Aufzählung des Schreckens hier beenden. Auf der anderen Seite kennen wir Unternehmen, die auch im hohen Alter prosperieren: IBM (113 Jahre alt), Siemens (162 Jahre alt), Shell (102 Jahre alt), Haniel Gruppe (253 Jahre alt), Sumitomo Group (380 Jahre alt, natürlich eine japanische Firma).

Obwohl wir das Werden und Vergehen von Firmen als etwas Natürliches und geradezu Notwendiges für fortwährende Erneuerung verstehen, stellen wir uns doch die Frage, ob es ein Rezept, gar ein Gen, für die Langlebigkeit von Firmen bzw. ihren dauerhaften wirtschaftlichen Erfolg gibt.

In (mindestens) zwei klugen Büchern ist diese Frage untersucht worden und (hier jetzt etwas gerafft) wie folgt beantwortet worden: In „The Living Company" von Arie de Geus werden vier Faktoren langlebiger Unternehmen dargestellt[6]:

- Bewusstsein und Anerkennung ihrer Umgebung (natürliche, wirtschaftliche, soziale Umgebung); Bemühung um Ausgleich und Harmonie mit dieser Umgebung
- Zusammenhalt und Identität innerhalb des Unternehmens sind extrem stark ausgeprägt (Angestellte, selbst Partner fühlen sich als Teil eines großen Ganzen)[7]
- Toleranz, Dezentralisierung, Selbstorganisation, die Fähigkeit loszulassen, experimentieren zu lassen und Bewegung an den Rändern der Organisation zu unterstützen, um den Raum der Möglichkeiten in Breite und Tiefe auszuloten
- Konservatives Finanzverhalten, d.h. Sparsamkeit, Vermeiden unnötiger Ausgaben, Einsetzen finanzieller Reserven für das Verfolgen von Geschäftsmöglichkeiten (ohne eine weitere, externe Finanzierungsquelle zu benötigen)

Profit wird nicht als Voraussetzung, sondern als Folge einer gesunden Organisation verstanden.

Aus dem Buch „Built to Last" von Jim Collins und J. Porras kommen zusätzliche Anregungen zu diesen langlebigen (und visionären) Organisationen:

- Sie bauen eine **tolle Organisation** basierend auf einer Kernannahme (bzw. -ideologie) anstelle eines tollen Produkts
- Sie sind in der Lage, **Widersprüche** auszuhalten und sie sogar gleichzeitig zu verfolgen
- Neue Führungskräfte kommen vorrangig von **innen** heraus

- Sie konzentrieren sich nicht auf den Wettbewerb, sondern auf **sich** (und den Kunden)

Man nimmt an, dass die abnehmende durchschnittliche Lebensdauer von Unternehmen mit der Innovationsgeschwindigkeit unserer heutigen Zeit zu tun hat. Immer schneller dreht sich der Kreisel, sprichwörtlich ist Moores' Law in der Halbleiterelektronik, demzufolge sich die Leistungsfähigkeit von Schaltkreisen alle 18 Monate verdoppelt. Im Web sprechen wir scherzhaft von den 7 Internetjahren, die einem Kalenderjahr entsprechen. Insofern ist ein Internet-Unternehmen, welches 15 Kalenderjahre überlebt hat, eigentlich 105 Internetjahre alt, da es mindestens so viele Technologiewechsel, Erfahrungen, Erfolge und Enttäuschungen durchlebt hat wie ein 105-jähriges klassisches Unternehmen.

Im Ergebnis des Innovationskreisels des Webs ist eine neue Kategorie Software entstanden, die wir heute **soziale Software** nennen und die über eine bemerkenswerte Eigenschaft verfügt: Sie erlaubt den persönlichen Prozess der Kreation einer Ressource (Dokument, Medium, Nachricht) mitzuverfolgen, sich in die Kreation einzubringen, die Ressource zu nutzen, zu werten und die kollektive Nutzung der Ressource als zusätzlichen Feedback- und Navigationskanal zu verwenden. In der Nutzung und Verwendung einer Ressource drückt sich Anerkennung für den/die Ersteller der Ressource aus und sie fördert damit einen der stärksten Treiber menschlichen Tuns.

Der Einsatz von sozialer Software und sozialen Medien (Blogs, Wikis, social bookmarks, social networks, tags, feeds, mashups, tweets) im realen Unternehmen kann die Art der Kundeninteraktion, die Art der Zusammenarbeit im Unternehmen und die Art, andere Parteien in die eigene Wertschöpfung einzubeziehen oder selbst einbezogen zu werden, dramatisch verändern und die Qualität, Schnelligkeit und Werthaltigkeit der Interaktion verbessern.

Wir bewundern die Innovation Jams einer IBM, die großartigen Produkte von Softwareentwicklern in der Open Source-Bewegung und die Wirksamkeit einer Interaktion, die auch auf Zuhören und Ernstnehmen von Kunden in den sozialen Medien setzt.

Aber es ist noch mehr, was wir aus diesem **Konzept des Enterprise 2.0**, dem Einsatz sozialer Software im Unternehmen und in den Kunden- und Partnerbeziehungen lernen können: Es kann ein Träger für den **Zusammenhalt und die Identität**, das Zugehörigkeitsgefühl zum Unternehmen sein, es kann den Austausch mit der Umgebung einleiten, ein **Bewusstsein und Anerkennung** für deren Bedürfnisse schaffen und es stützt aus seinem Wesen heraus Prozesse der **Selbstorganisation**, der Eigendynamik und der **Toleranz** und baut damit Anpassungsfähigkeit in die Gene der Organisation ein.

Wir sind jetzt nicht verwundert, dass diese Eigenschaften gerade denen der langlebigen Unternehmen entsprechen, sondern erkennen: Enterprise 2.0 ist ein **Rezept für die Langlebigkeit** einer Organisation, es stärkt das Immunsystem und die Anpassungsfähigkeit und erlaubt, mit immer neuen und komplexeren Veränderungen der Unternehmensumgebung fertig zu werden. Und wem das jetzt zu abgehoben und metaphorisch erscheint, dem sei versichert, dass wir auch ganz praktische Einsatzfälle, die Kosten sparen und Produktivität steigern, in fast allen Unternehmensbereichen finden.[8]

Wenn das so einfach ist, dann nichts wie los! **Halt!** Es ist so, aber nicht so einfach. Benötigt wird eine Grundvoraussetzung: **Vertrauen.**

Vertrauen zu denen, die im Enterprise 2.0 arbeiten, Vertrauen zu Kunden, zu Partnern und manchmal Vertrauen zu Akteuren, die wir noch nicht kennen. Wenn man dieses Gebirge des Vertrauens durchstiegen hat, beginnen die Mühen der Ebene:

- Wir müssen eine Technologie auswählen und die Sharepoint-Fraktion mit der Open Source Wiki-Fraktion versöhnen
- Wir müssen zeigen, wie das mit den anderen Technologie-Stacks (nicht) zusammenspielt
- Wir müssen beweisen, dass damit keine Zusatzarbeit entsteht, sondern normale Arbeit (z.B. SW-Entwicklung, Vertrieb) besser und schneller vonstatten geht
- Wir brauchen plötzlich neue Rollen im Unternehmen (Social Media Officer, Wikigärtner, Content Broker und -Aggregatoren)
- Wir müssen lernen, mit der neuen Flut adäquat umzugehen (Filtern, Suchen, Signalisieren)
- Wir müssen schnell die Adoptionsrate nach oben treiben, damit die Netzwerkeffekte eintreten, dafür brauchen wir Evangelisten, Unterstützung von oben und Mediation zwischen Technikbegeisterten und Technik(zu)begeisternden
- Wir brauchen Zustimmung von Interessenvertretern und neue Guidelines, wobei wir erkennen, dass die Trennung von Privatleben und Geschäftsleben immer schwieriger wird (und sich die Guidelines damit schwer tun)

Und wir müssen auch anerkennen, dass das Enterprise 2.0 zwar wirklich neue Ansätze bzgl. Zusammenarbeit, Kundeninteraktion und Innovationskraft realisiert und eine schnellere Mobilisierung dieser Potenziale ermöglicht, dass aber die klassischen Tugenden der Unternehmensführung – Prozesse, Qualität, Führung, Differenzierung, Ressourcenmanagement – natürlich ihre Bedeutung behalten haben. (Selbst wenn sie ebenfalls von den Enterprise 2.0-Konzepten profitieren.)

—

Ich persönlich bin sehr froh, einen solchen Enterprise 2.0-Entwicklungsprozess innerhalb eines Unternehmens selbst miterlebt und mitgestaltet zu haben. Und jeder kann sich denken, dass ein solcher Prozess niemals abgeschlossen ist. Ich finde, dass folgende Faktoren ausschlaggebend für die bisherigen erfolgreichen Meilensteine der T-Systems Multimedia Solutions (MMS) auf ihrem Weg zum Enterprise 2.0 gewesen sind:

- *Lange Kontinuität der Unternehmensentwicklung, eingebaute Selbstverantwortung und Experimentierfreude*
- *Günstiges Marktumfeld durch Herausbildung einer neuen (Internet-)Industrie*
- *Technologieaffinität der Belegschaft, in der frühen Phase einer Technologie von Vorteil (early adopter)*
- *Frühe Bottom-up-Experimente mit Social Software (myTiki, ein Open Source-Wiki)*
- *Strategisches Aufgreifen des Themas im Führungskreis und Unterstützung*
- *Coreteam, welches nachhaltig begeistert und unnachgiebig alle Schwierigkeiten aus dem Weg räumt*
- *Überzeugende Use Cases im Einsatz sozialer Software (Strategieprozess, SW-Entwicklung, Application Management)*
- *Positive Wechselwirkung aus den eigenen Erfahrungen und den Anstrengungen, das Thema am Markt verkaufsfähig zu platzieren*

—

Ich glaube, unter den Voraussetzungen und Gegebenheiten, die wir selbst beeinflussen können, und auch in Anerkennung derer, die wir nicht beeinflussen können, haben wir ein neues Langlebigkeits-Gen, das ‚E2.0-Gen', der MMS DNA hinzugefügt. Ich freue mich auf die nächsten 105 Internet-Jahre mit der MMS und für die MMS. Und ich bin mir sicher, dass das ‚E2.0-Gen' auch überleben wird. ‹

Weitere Links:
www.rules-of-the-game.de

Technologien & Anwendungen

Serendipität

hervorgerufen durch semantische Technologien
und hieraus entstehende Geschäftsmodelle und Prozesse

—
—
—
—

VON **DR. KLAUS HOLTHAUSEN**
UND **ROY UHLMANN**

Die Informationsgewinnung erfährt mit einem sich ändernden Nutzerverhalten der „Digital Natives" auf Basis ihres „Social Graph" eine tiefgreifende Veränderung hin zu einer *aktiven Informationsversorgung*. Ein Auslöser hierfür könnte der so genannte *Serendipity-Effekt* sein. Als Serendipity-Effekt oder auch Serendipität bezeichnet man einen Vorgang, bei dem ein Nutzer eher zufällig eine Information entdeckt, ohne von deren Bestehen Kenntnis gehabt oder aktiv nach dieser gesucht zu haben.

Unter Beachtung des beschriebenen Effekts wird der Beitrag darlegen, wie semantische Technologien künftig als technisches Additiv die steigenden Bedürfnisse der „Digital Natives" aufgrund ihres sich ändernden Nutzungsverhalten befriedigen können und welche Geschäftsmodelle und Prozesse die aktive Informationsversorgung nach sich ziehen wird.

1. Die Dekade der Volltextsuche

Noch Anfang der 90er-Jahre galt das System der Volltextsuche als revolutionär: Unabhängig von Metadaten konnten Dokumente vollständig nach allen vorkommenden Begriffen durchsucht werden. Mitte der 90er-Jahre wurde dieses System 1:1 auf die Suche im Internet übertragen. Schnell wurde klar, dass aufgrund der Vielzahl der Dokumente keine übersichtliche Trefferliste generiert werden konnte. Nach welchen Kriterien sollten auch zwei Dokumente, die beide das gleiche Suchwort enthielten, unterschieden werden?

Im Jahr 1998 patentierte die Universität Stanford (Patent US 6,285,999) ein Verfahren, das genau dies leisten sollte. Die Relevanz sollte davon abhängen, wie oft ein Dokument von anderen Dokumenten zitiert wird. In der Wissenschaft hatte sich diese Vorgehensweise (Science Citation Index) bewährt. Ein Link von einer externen Seite wurde dabei als ein Zitat interpretiert. Die Relevanz von Informationen konnte gemessen werden. Und das Auffinden von Informationen in den Weiten des Word Wide Web wurde damit erst möglich. Ein Verfahren, dass von den uns bekannten Suchmaschinen noch heute angewandt wird.

2. Serendipität: Veränderungen des Nutzerverhaltens durch Empfehlung des „Social Graph"

Im Zuge der Entwicklung des Web 2.0 entwickelte sich ein alternativer Informationszugriff.

Der Erfolg von Social Networks wie Facebook und Microblogging-Diensten wie Twitter wird vorwiegend dem Mitmach- oder auch Mitteil-Effekt zugeschrieben. Der für die Informationsversorgung weitaus wichtigere Serendipity-Effekt wird hierbei jedoch oft vernachlässigt. Unter eher unbewusster Nutzung des Serendipity-Effekts werden Nutzer z.B. anhand ihres „Social Graph" aktiv mit Informationen versorgt, ohne selbst eine aktive (Such-)Anfrage gestellt zu haben. Die Relevanz der Informationen orientiert sich dabei an den ähnlichen oder gleichen Interessen des „Social Graph", welche man durch den Aufbau des eigenen sozialen Netzes offenkundig preisgibt. Diese Art der Informationsbeschaffung gewöhnt die „Digital Natives" an ein passives Nutzerverhalten, während jegliche Informationen aktiv dem Nutzer folgen.

Zwar könnten die empfohlenen Daten auch mithilfe von Suchmaschinen gefunden werden, jedoch setzt gerade hier der Umstand der Serendipität ein. Nutzer wissen nicht, dass die entsprechenden Informationen im World Wide Web bestehen. Ohne diese Kenntnis wird das Interesse des Nutzers nicht geweckt und auch keine aktive Suchanfrage ausgelöst. Das Modell der Suchmaschinen basiert aber auf einem bereits bestehenden Interesse. Suchmaschinen dienen damit vor allem der Informationsgewinnung, wohingegen der Serendipity-Effekt von Diensten wie Twitter und Facebook der Informationsversorgung dient.

Wird das Gefüge von Nutzern zu Daten abstrakt betrachtet, so weist der Nutzer einer Suchmaschine ein aktives Verhalten auf, um passiv verfügbare Informationen aufzufinden. Dieses aus der Suchmaschinennutzung bekannte Verhalten unterliegt einer evolutionären Veränderung. Der „Social Graph" erkennt die Relevanz von Daten und aktiviert sie wiederum als sozial gefilterten Informationsinput für weitere Mitglieder des eigenen Netzwerks. Eine aktive Suche tritt in den Hintergrund. Daten wie Informationen, Produkte und Anwendungen werden selbst aktiv. Der Nutzer bleibt passiv und wird mit Informationen serendipitiv versorgt.

3. Semantische Technologien als technisches Additiv für das sich verändernde Nutzungsverhalten

Ein Nutzungsverhalten, das sich daran orientiert, immer mehr von aktiven Informationen geleitet zu werden, führt zu der Notwendigkeit, auch jene Daten aktiv werden zu lassen, die nicht vom „Social Graph" erfasst werden. Mit dem Anschwellen des „Social Graph" verstärkt sich das Grundrauschen in der Informationsversorgung, was den „Social Graph" unweigerlich an den Rand seiner Leistungsfähigkeit führt, irrelevante Informationen für jeden spezifischen Nutzer herauszufiltern.

Das serendipitive Nutzerverhalten der aktiven Informationsversorgung des „Social Graph" muss um eine semantische Komponente erweitert werden, die dazu in der Lage ist, die Fülle der Daten nach Relevanz zu ordnen.

Durch semantische Technologien kann die Relevanz von Inhalten ermittelt werden. In welchem Kontext steht das Wort oder der Inhalt? Wie ist dieser Kontext mit anderen Kontexten inhaltlich vernetzt und welche Assoziationen sind in Bezug auf den Datenbestand inhaltlich repräsentativ? Sogenannte assoziative Netzwerke nach dem Vorbild biologischer Strukturen könnten das skizzierte Nutzungsverhalten unterstützen.

Die Möglichkeit, Daten assoziativ miteinander zu verknüpfen, automatisierte Themencluster zu bilden und Daten nach ihrer inhaltlichen Relevanz

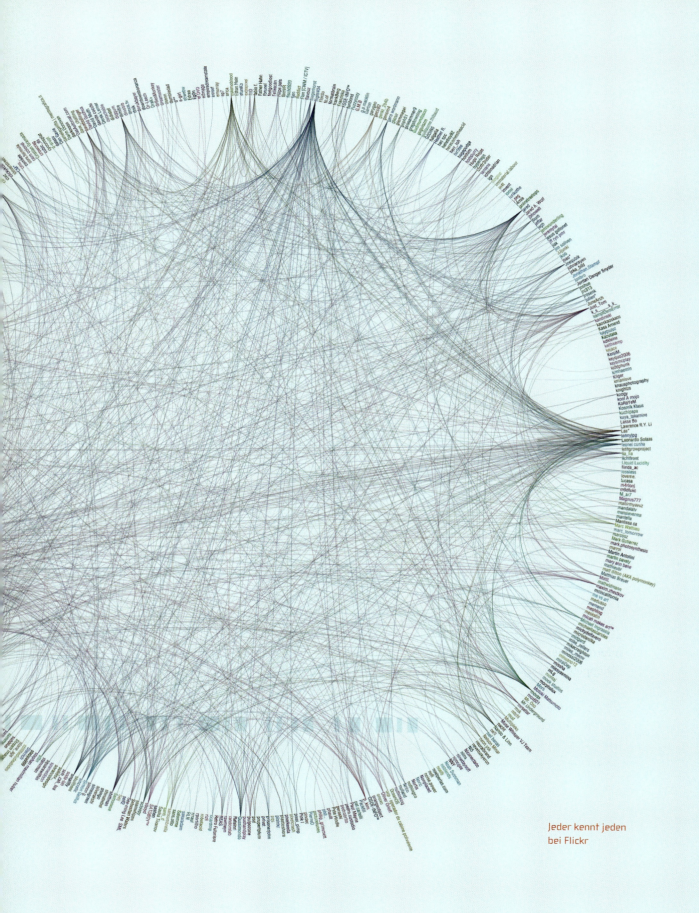

Jeder kennt jeden bei Flickr

zu filtern, überträgt den Serendipity-Effekt auch auf Anwendungen außerhalb des „Social Graph" und verstärkt gleichfalls die Relevanz des in diesem Entdeckten.

Die derzeitige Informationstiefe von lediglich einer Ebene wird durch semantische Technologien auf „n" Ebenen erweitert. Nutzer beginnen assoziativ durch die Masse der Informationen, mithin inhaltlich verknüpften Themencluster, zu navigieren. Bewegt sich ein Nutzer auf einem durch semantische Technologien inhaltlich erkennbaren „Point of Interest", so ermöglicht die assoziative Verknüpfung der Daten den Nutzer aktiv entlang seiner Interessen zu leiten. Der Nutzer betritt das Web durch seinen individuellen „PoI" und surft künftig auf seiner eigenen Welle der Information flankiert von eCommerce-, Content- und Service-Angeboten, welche semantisch miteinander verknüpft sind.

4. Künftige Prozesse

Die Art der Informationsversorgung und das Verlangen nach Relevanz wird auch das Erscheinungsbild von Websites verändern. Nutzer werden künftig assoziativ durch Portale surfen, die eine Informationswelt respektive ein Informationsmediär rund um das angebotene Produkt darstellen. Im Backend des Portals entsteht automatisiert und individuell zu jedem Nutzer eine semantische Assoziationskette um jeden mit dem Produkt verwandten „PoI". Dies führt zu einer Vielzahl von Einstiegspunkten in das Angebot des Portals.

Ein Beispiel aus dem eTourismus soll das künftig serendipitive Navigieren und Auffinden verdeutlichen. Ein Nutzer steigt über das Thema „Shoppingreise" in ein Portal ein. Bis heute werden Informationen/Reisen entsprechend unseres Beispiels vorab redaktionell verknüpft. Es würde somit redaktionell eine Ergebnisliste an Reisen erzeugt, welche sich als „Shoppingreise" qualifizieren ließen oder im Sinne eines Suchwortabgleichs den gesuchten Begriff aufweisen. Das Portal leitet den Nutzer künftig durch Informationen aus dem Gebiet Reisen, die automatisiert mit dem Begriff „Shopping" sowie verwandten Themen assoziiert sind. Diese können aus „User generated Content" zum genannten Thema bestehen, aber auch aus damit assoziierten Themen wie beispielsweise Factory Outlets, Modestile bestimmter Städte und Veranstaltungen zum Thema Mode. Widmet sich der Nutzer nun einer bestimmten Information, wird der weitere Weg der Assoziationskette automatisiert im Backend bestimmt. Die Möglichkeiten des „Targeting" sind hierbei noch nicht einbezogen. Es werden Veranstaltungsdaten und Orte mit entsprechenden Hotels abgeglichen sowie weitere Sehenswürdigkeiten und Ereignisse in näherer Umgebung angezeigt. Nachfolgend wird dem Nutzer ein zeitliches Rahmenprogramm vorgeschlagen, welches sich bereits an Öffnungszeiten, Ticketreservierungen und dem Profil des Nutzers orientiert. Des weiteren werden neben der Bewertung produktspezifischer Eigenschaften tagesaktuelle Information der Destination, ihrer Umgebung und ihrer sozio-ökonomischen Gegebenheiten ausgeliefert.

Der Nutzer wird durch das aktive Zusammenspiel von Daten und deren semantischer Verknüpfung nach inhaltlicher Relevanz Aspekte seines Interesses kennenlernen, von deren Existenz er bisher nichts gewusst hat. Er surft serendipitiv durch ein Informations- und Produktnetz. Das klassische Suche/Ergebnis-Interface wird sich zu einer assoziativen Informationswelt aus aggregierten Informationen rund um das Thema des Portals entwickeln.

5. Modularisierung von Anwendungen

Das Zur-Verfügung-Stellen der genannten Informationen stellt für Portalbetreiber einen enormen redaktionellen und finanziellen Aufwand dar. Ein Aufwand, der auch von den großen Betreibern in dieser Detailtiefe nicht erbracht werden kann.

Die Lösung des Problems ist eine Modularisierung der Anwendungen, derer sich der Nutzer bedienen wird. Folgt eine Website noch heute einem statischen Aufbau, so wird diese künftig lediglich aus einem Grundgerüst von Informationen des jeweiligen Betreibers bestehen. Der Betreiber fokussiert sein Leistungsangebot. Die Veränderung vom „Full Service"- zum „Best Service"-Anbieter wird von einer Diversifizierung der semantisch integrierbaren Module getragen. Portalbetreiber liefern lediglich die Zielleistung des Portals. Integrative Datennetze ermöglichen einen direkten Austausch zwischen einer Vielzahl von Modulen aus einem Modulnetzwerk.

Das Netzwerk selbst speist sich künftig jedoch nicht mehr aus einem definierten Partnernetzwerk oder wird portalseitig wie z.B. bei Facebook gesteuert, sondern wird aus dezentral im World Wide Web zur Verfügung stehenden Modulen bestehen, die sich nicht durch den Nutzer, sondern sich je nach Bedürfnis des Nutzers wie Zellen gegenseitig aktivieren. Die Module dienen somit künftig primär der Zielleistung und dem Wertschöpfungsprozess des Portals.

6. Künftige Geschäftsmodelle

Ein modulartiger Aufbau der Portale fördert die Bildung von Nischenanbietern für jegliches Nutzerinteresse. Die Entstehung von Datenintermediären wird jedoch eine der nachhaltigsten Veränderungen hervorrufen. Das bisher durch Werbemittel beeinflusste Geschäftsmodell der Content-Anbieter könnte hiervon überproportional profitieren.

Content dient künftig mehr den je als Einstiegspunkt im Netz. Durch Contentassoziationen wird der Nutzer auf inhaltlich verwandte Produkt- und Dienstleistungsmodule entsprechend seinem Interesse geführt. Diese eCommerce-Module werden den Platz bisheriger Werbeformen einnehmen. Content-Anbieter werden sich als Datenintermediäre neu positionieren und künftig mehr dezentralen Umsatz ermöglichen. Als Datenintermediäre werden sie jedoch nicht mehr nur zwischen Websites verlinken, sondern entsprechende Produkte und Leistungen modular in den Content integrieren. Auf Basis dieser assoziativen Module werden Geschäftsprozesse entstehen, die die Informationsversorgung bis auf „n" Ebenen unterstützen wird. Auf diese Weise werden z.B. Reiseportale nicht mehr nur Buchungsportale sein, sondern eine eigene Informationswelt zum Thema Reise, die jegliche Informationen aus dem World Wide Web aggregieren. Eine Entwicklung, an der bekannte Suchmaschinenbetreiber schon heute arbeiten. <

Weitere Links:
http://royuhlmann.tumblr.com/
http://www.dr-holthausen.de/index2.html

Quelle: Peter Figge, Kommunikationsfachmann

Technologien & Anwendungen

Internet der Dienste – Vision und Herausforderung

VON **PROF. DR. ALEXANDER SCHILL**

Das Internet entwickelt sich immer mehr zum globalen Markt für Information. Doch heute werden nicht mehr nur Daten und eher statische Webseiten im Internet angeboten, sondern mehr und mehr auch Dienstleistungen. Traditionelle Beispiele aus dem Electronic Business umfassen etwa Portale für Reisebuchungen oder die Bestellung und den Versand von Produkten. Im Business-to-Business-Bereich werden zunehmend auch Lieferketten und Logistiksysteme als vernetzte Online-Dienste realisiert oder ausgewählte Dienstleistungen wie Gebäudemanagement oder Gehaltsbuchungssysteme konsequent mit externen Partnern über Dienstschnittstellen verknüpft. Das Internet der Dienste ist die übergreifende Plattform für die dynamische Realisierung solcher Wertschöpfungsketten im Web – und somit repräsentiert das Internet der Dienste die Vision eines globalen Marktplatzes für Dienstleistungen.

Basiskonzepte:

Grundlage hierfür bilden die Service-orientierten Architekturen (SOA): (1) Dienstanbieter beschreiben zunächst ihre Schnittstellen mit Funktionen, Parametern und Optionen in einer einheitlichen Notation; hierfür haben sich universelle Formate auf XML-Basis (eXtensible Markup Language) durchgesetzt, insbesondere die Web Services Description Language (WSDL) des W3C (World Wide Web Consortium). Dies hat den entscheidenden Vorteil, dass man unabhängig von speziellen Programmiersprachen, Betriebssystemen oder Netzwerkprotokollen bleibt und somit eine sehr flexible Einbindung in die unterschiedlichsten Systemumgebungen ermöglicht wird. (2) Anschließend werden die Schnittstellen an einen globalen Verzeichnisdienst exportiert, diesem also systemweit bekannt gemacht; hierfür hat sich Universal Description, Discovery and Integration (UDDI) als Systemdienst etabliert. (3) Nun können interessierte Anwender und Kunden nach gewünschten Anwendungsdiensten suchen und deren Anbieter kontaktieren. Für den Aufruf der gewählten Dienstleistung werden Protokolle wie SOAP verwendet, die sich wiederum durch Sprach- und Plattformunabhängigkeit auszeichnen.

Dienstkomposition:

Bisher war aber nur von einzelnen Diensten die Rede; ein nächster entscheidender Schritt auf dem Weg zum Internet der Dienste ist es nun, auch komplexe Dienstleistungen aus vielen miteinander verzahnten Einzeldiensten zu komponieren. Beispielsweise setzt sich der Einkauf eines Unternehmens grob aus Dienstanforderungen für Produktvergleich und -bewertung, Einholung von Angeboten, Auswahlverfahren, Bestellung, Lieferung und Lieferannahme mit Qualitätskontrolle, Zahlung und Inventarisierung zusammen. Ziel ist es nun, ausgehend von einer komplexen Beschreibung einer solchen Gesamtdienstleistung möglichst automatisch die am besten geeigneten Dienstleister für die verschiedenen Einzeldienste auszuwählen. Bei einem derartigen Top-Down-Vorgehen spricht man von der Orchestrierung des komplexen Dienstes, während eine eher adhoc geprägte Bottom-Up-Komposition auch Choreografie genannt wird. In typischen Anwendungen des Electronic Business dominiert traditionell der stärker geplante und strukturierte Ansatz der Orchestrierung. Für die Beschreibung der komplexen Dienste hat sich die Business Process Execution Language (BPEL) als XML-basierter Standard etabliert, der durch OASIS (Organization for the Advancement of Structured Information Standards) gepflegt wird. Die Praxis des Internet der Dienste ist heute jedoch eher noch auf recht überschaubare Szenarien von relativ statischer Natur beschränkt: Vielfach werden innerhalb von Fachabteilungen wieder verwendbare Dienste identifiziert und mithilfe von SOA-Schnittstellen flexibler und redundanzärmer integriert; hier spricht man auch von „closed service coupling". Bereichsübergreifende Ansätze bis hin zur Modellierung von – allerdings meist festen – Lieferketten erweitern dies etwas zu den sogenannten „complex business services". Um den wahren Geist eines offenen Marktplatzes zu realisieren („dynamic business web" oder „agile company") sind aber deutlich weitergehende Anforderungen abzudecken, die sich vielfach noch im Forschungs- und Entwicklungsprojektstadium befinden. Ein typisches Beispiel ist etwa das Leitprojekt THESEUS des Bundeswirtschaftsministeriums, in dem Systemhäuser, Anwender und Forschungseinrichtungen neue Lösungen und Plattformen für das Internet der Dienste untersuchen.

Damit wird nun die Vision des Internet der Dienste als echter Marktplatz schrittweise ermöglicht: Der Anwender wählt seine idealen Dienstleister für alle Einzeldienste dynamisch zur Laufzeit aus. Ein derart hohes Maß an Flexibilität kann Kosteneinsparungen ermöglichen – je nach aktueller Marktlage kann etwa ein Zulieferer nach bestimmten Preis- und Qualitätskriterien bestimmt werden. Gerade auch für kleinere Unternehmen ergeben sich neue Chancen, sich auch ad hoc an globalen Arbeitsabläufen und Dienstleistungen zu beteiligen und somit vermehrt an der Wertschöpfungskette zu partizipieren. Nicht zuletzt bietet auch die intelligente Komposition von Diensten interessante Optionen für neue Geschäftsmodelle der entsprechenden Portalanbieter. Einige der wesentlichen hieraus resultierenden Herausforderungen werden nachfolgend kurz zusammengefasst.

Semantische Beschreibung von Diensten:

Grundlage für die Dienstkomposition bildet das globale, weltweite Dienstverzeichnis, das nun nach Anwendungsdomänen strukturiert sein sollte und auch die semantische Suche nach passenden Diensten unterstützen sollte. Hierfür sind Ontologien als Beschreibungsmittel nötig, die einzelne Anwendungsfelder und ihre Begriffswelten näher spezifizieren, verwandte Begriffe in Bezug zueinander setzen und schließlich die angebotenen Dienste mit dezidierten Eigenschaften attribuieren; ein typischer Ansatz hierfür ist etwa die Web Ontology Language for Services (OWL-S). Ein Ein-käufer kann somit etwa nach speziellen Anbietern von Scheibenwischermotoren suchen oder ein Bürger kann auf diese Weise spezielle ortsbezogene Dienste seiner Stadtverwaltung lokalisieren. Unter Nutzung dynamischer Dienstattribute und unter Verwendung ausgewählter Kostenmodelle kann dabei auch die Auswahl aus den gefundenen Dienstleistungskandidaten einer weiteren Optimierung unterzogen werden.

Service Level Agreements:

Der Kunde möchte nicht zuletzt auch eine möglichst garantierte Qualität der Dienstausführung sichergestellt wissen. Basis hierfür bilden sogenannte Service Level Agreements (SLAs); aufgegliedert in einzelne Kriterien, die Service Level Objectives (SLOs), werden hierbei wichtige Eigenschaften zwischen Dienstanbieter und Dienstnutzer vereinbart und gegebenenfalls auch im juristischen Sinne per Online-Vertrag zugesichert. Typische Beispiele sind eine maximale Ausführungsdauer eines Dienstes, ein konkret vereinbartes Maß für die Ausfallsicherheit und Verfügbarkeit des Dienstes, eventuell Angaben zu variablen Kosten oder auch Restriktionen hinsichtlich Datenschutz und -sicherheit.

Qualitätssicherung zur Laufzeit:

Natürlich müssen solche Service Level Agreements zur Ausführungszeit auch überwacht werden, um ihre Einhaltung wirklich sicherzustellen bzw. um im Extremfall bei Verletzung von Dienstvereinbarungen geeignete Gegenmaßnahmen treffen zu können. Hierfür sind eine Ausführungsplattform mit standardisierten Kommunikationsschnittstellen sowie ein begleitendes Service Monitoring zur Qualitätssicherung bei allen beteiligten Komponenten notwendig. Etwa mithilfe heuristischer Strategien kann dann bei unerwartet langer Dauer einer Dienstausführung rechtzeitig ein alternativer Anbieter aktiviert werden oder ein unerwartet häufig ausfallender Dienstanbieter zeitweise von der Auswahlliste genommen werden. Besonderes Augenmerk müssen die genannten Sicherheitsanforderungen finden; so sind gegebenenfalls geeignete Authentifizierungsprotokolle zwischen verschiedenen Dienstanbietern einzusetzen, die begleitenden Daten sind bei Bedarf mit starken kryptografischen Methoden zu verschlüsseln und die interne Datenhaltung eines Anbieters muss strikt nach unterschiedlichen Kunden („client personalities") getrennt erfolgen.

Werkzeugunterstützung:

Diese konzeptionellen Anforderungen sind schließlich durch konkrete Werkzeuge und Systemplattformen zu realisieren. Hierfür bilden die aktuellen Middleware-Lösungen und Application Server unter Nutzung standardisierter Programmierschnittstellen wie OSGi mit seiner Java-Einbettung eine sinnvolle Basis. Idealerweise wird dabei nicht nur die Laufzeitphase unterstützt, sondern der gesamte Lebenszyklus der Dienstverwaltung betrachtet – von der Konzeption über das Anbieten, die Selektion, das Monitoring bis hin zum möglichen Reengineering von Dienstangeboten und -implementierungen.

Zusammenfassend wurde deutlich, dass das Internet der Dienste durch seine einheitlichen Schnittstellen, durch seine Flexibilität und Dynamik sowie durch seinen direkten Anwendungsbezug wichtige Chancen für Wirtschaft und Gesellschaft eröffnet. Die Vision des globalen Online-Marktplatzes professioneller Dienstleistungen ist mit den aktuellen Standards und Systemlösungen schon ein gutes Stück nähergerückt, gleichzeitig sind aber auch noch zahlreiche Herausforderungen hinsichtlich Semantik, Qualitätssicherung und Werkzeugunterstützung zu bewältigen. <

Weitere Links:
www.rn.inf.tu-dresden.de
www.osgi.org

JAHR: 2010

Für die Technik zur Darstellung der „Augmented Reality" brauchte es früher einen Rucksack, der enthielt ein GPS-Modul zur Lagebestimmung, einen dicken Rechner zur Umrechnung der Daten und eine Cyberbrille. Nun schrumpft die Technik ins Handy, denn in den modernen Geräten ist eigentlich alles drin, was es braucht: eine Kamera, ein GPS-Empfänger, ein Rechner und ein Bildschirm.

Mobilität & neue Benutzerschnittstellen

Intelligente Objekte – „Ambient Assisted Living", acatech-Projekt

VON **PROF. DR. DR. THOMAS SCHILDHAUER**
CO-AUTOR: **PATRICK GODEFROID**

Intelligente Objekte

Die Digitalisierung unserer Welt schreitet voran. Mikroelektronische Systeme sind schon heute in Form von Mobiltelefonen und Laptops zu unseren ständigen Begleitern geworden. Aber auch in andere Gegenstände, die uns im Alltag umgeben, werden zunehmend elektronische Bauteile eingebettet, die deren Funktionalitäten erweitern. Durch diese smarten oder intelligenten Objekte wird Computertechnik ein allgegenwärtiger Bestandteil unserer Umgebung.

Bereits 1991 hat der Wissenschaftler Mark Weiser[1] diese Entwicklung vorausgesehen, als er dafür in seinem Aufsatz „The Computer for the 21st Century" den Begriff des Ubiquitous Computing prägte. Obwohl unterschiedlich im Namen, so bezeichnen auch die Begriffe des Pervasive Computings oder der Ambient Intelligence ähnliche Forschungsfelder wie das Ubiquitous Computing, nämlich die „Durchdringung" von Alltagsgegenständen mit Sensoren, Prozessoren und miniaturisierten Computern zum Zwecke der Verfügbarkeit von Informationen – jederzeit und an jedem Ort.[2]

Ein bekanntes Beispiel für diese Entwicklung ist der Kühlschrank, der, mit entsprechenden Sensoren und einem Internetanschluss ausgestattet, in der Lage ist, selbständig Lebensmittel nachzubestellen. Während sich dieses intelligente Objekt bisher nicht im Markt durchsetzen konnte, sind im Automobilbereich schon viele unsichtbare elektronische Helfer am Werk, die ihren Dienst verrichten, ohne dass der Fahrzeugführer im Einzelfall überhaupt noch davon Kenntnis erlangt. Diese Systeme greifen so tief in die Funktionen des Fahrzeugs ein, dass der Betrieb eines modernen Autos ohne funktionierende Bordelektronik nicht mehr denkbar ist.

Die beiden Beispiele sollen illustrieren, wie weit wir heute schon bereit sind, Handlungen und Entscheidungen an elektronische Systeme zu delegieren, und wovon wir es abhängig machen, ob wir ihre selbstständige Unterstützungsleistung akzeptieren: Dienen sie der Erhöhung unserer unmittelbaren Sicherheit wie elektronische Stabilitätsassistenten im Fahrzeug, neigen wir offenbar dazu, diesen Eingriff eher zu befürworten, als wenn ihre Funktionen darauf abzielen, Handlungen wie das Einkaufen zu substituieren, die wir auch selbst gerne erledigen. Der Trend geht in die Richtung, dass Anwender- und Nutzergruppen Funktionalitäten fordern, ohne unbedingt den Anspruch zu haben zu verstehen, was sich dahinter verbirgt.

Ambient Assisted Living

Technisch sind heute zahlreiche Einsatzszenarien intelligenter Objekte realisierbar. Sie verfügen potenziell über eine große wirtschaftliche Bedeutung, da sie – ähnlich wie das Internet – die Entwicklung völlig neuer Geschäftsmodelle[3] ermöglichen. Bei der Identifikation von Anwendungsbereichen, in denen die Konzepte der intelligenten Objekte Menschen besonders großen Nutzen versprechen, rücken unter anderem solche Bereiche in den Fokus, die ältere Menschen bei der Bewältigung ihres Alltags unterstützen. Es ist zu erwarten, dass intelligente Objekte zunächst in diesem Markt großflächig eingesetzt werden. Als Bezeichnung für diesen Anwendungsbereich hat sich in den letzten Jahren der Begriff Ambient Assisted Living (AAL) etabliert.

Im Forschungsfeld Ambient Assisted Living werden intelligente Objekte und Systeme zur Unterstützung insbesondere von pflegebedürftigen Menschen im Haus entwickelt. Der etwas unhandliche englische Begriff lässt

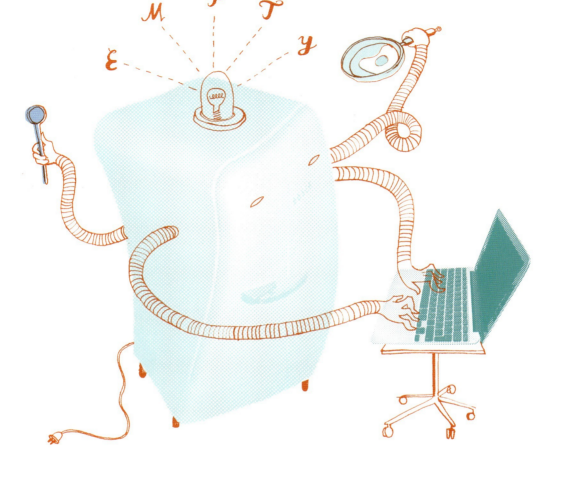

sich am besten mit „Altersgerechte Assistenzsysteme für ein gesundes und unabhängiges Leben" übersetzen. Nicht zuletzt vor dem Hintergrund der demografischen Entwicklung in Deutschland entsteht hier ein großer Wachstumsmarkt: Während sich die Bevölkerungszahl in den nächsten 40 Jahren insgesamt von 82 auf rund 68 Millionen reduzieren wird, wird sich die Zahl der über 80-Jährigen auf knapp 12 Millionen verdreifachen.[4]

Viele ältere Menschen leben allein und sie möchten zum überwiegenden Teil auch im Fall einer erhöhten Pflegebedürftigkeit so lange wie möglich in ihrer gewohnten Lebensumgebung bleiben. Der Umzug in Seniorenheime erscheint ihnen demgegenüber weniger attraktiv[5], denn sie wollen selbstständig und selbstbestimmt leben.

AAL-Systeme können helfen, die Bedürfnisse dieser wachsenden Bevölkerungsgruppe zu befriedigen: Sie können die Sicherheit allein lebender Menschen erhöhen und einige altersbedingt verlorengegangene Fähigkeiten kompensieren. Sie können die Phase, in der ältere Menschen in ihrer gewohnten Umgebung verbleiben können, verlängern und die Lebensqualität ihrer Benutzer in dieser Zeit erhöhen. Zudem können sie helfen, die Angehörigen bzw. das Pflegepersonal dabei zu unterstützen, eine angemessene Betreuung sicherzustellen.

Beispiele für solche AAL-Systeme sind elektronische Notrufsysteme, Telemonitoring-Systeme sowie Sensoren zur Erfassung von Vitalparametern wie Puls und Blutdruck. Zur Steigerung der Sicherheit können zukünftige Wohnungen außerdem mit speziellen Sensoren zur Sturzerkennung, Bewegungsmeldern und Assistenzsystemen ausgestattet werden. Die Sensoren können auftretende Auffälligkeiten erkennen und bei Bedarf über vernetzte AAL-Systeme Verwandte oder Pfleger alarmieren.[6]

Für die Akzeptanz und den Markterfolg von AAL-Systemen spielt die Gestaltung von Mensch-Technik-Schnittstellen (User Interfaces) eine wichtige Rolle. Eine Besonderheit ist dabei die Kontextsensitivität der Systeme, die es ermöglicht, Benutzereingaben durch automatische Erkennung des Kontextes zu ersetzen. Der Benutzer muss bei ihrer Bedienung also nicht mehr wie heute gewohnt bestimmte Tasten betätigen, um Aktionen auszulösen, sondern die Systeme erkennen die Bedürfnisse der Benutzer aus dem Situationskontext und lösen selbstständig Aktionen aus. Benutzer solcher Systeme werden nur noch dann zu einer aktiven Interaktion mit dem System aufgefordert, wenn der spezifische Situationskontext eine Nutzereingabe erforderlich macht. Auch in diesem Fall können kontextsensitive Systeme ihren Benutzern nur die in diesem Augenblick wirklich relevanten Informationen zur Verfügung stellen und andere, möglicherweise verwirrende, Optionen ausblenden. Die Einbeziehung von Kontext schafft so einen großen Vorteil für die Aufbereitung der Inhalte für User Interfaces intelligenter Objekte.

Um die Entwicklung von intelligenten Objekten wie z.B. AAL-Systemen zu fördern, ohne dabei individuelle Freiheiten und Spielräume in Gefahr zu bringen, hat die acatech – Deutsche Akademie der Technikwissenschaften im Rahmen des Projekts „Intelligente Objekte im wirtschaftlichen und privaten Alltag: Stand der Forschung – Chancen für Deutschland"[7] folgende Empfehlungen für deren Gestaltung erarbeitet:

Viele ältere Menschen leben allein und sie möchten zum überwiegenden Teil auch im Fall einer erhöhten Pflegebedürftigkeit so lange wie möglich in ihrer gewohnten Lebensumgebung bleiben.

1. Systematische Nutzereinbindung: Möglichst frühzeitig und möglichst intensiv sollten Nutzerperspektiven in den Prozess der Entwicklung der neuen Produkte und Systeme eingebunden werden.

—

2. Gestaltung der Benutzungsschnittstelle: Bedienoberflächen sollten dort, wo sie notwendig sind, verständlich gestaltet werden.

—

3. Verstärkte Interdisziplinarität: Eine verstärkte sozialwissenschaftliche Begleit- und Grundlagenforschung ist notwendig.

—

4. Mobile Energieversorgung: Forschungsinteresse und Förderlandschaft sollten der fundamentalen Bedeutung zuverlässiger kleinster Energieversorgungseinheiten für den Einsatz und den Markterfolg neuer Intelligenter Objekte gerecht werden.

—

5. Interoperabilität: Es sollten verstärkt Standardisierungsbemühungen gefördert werden, wie etwa Bemühungen um standardisierte Schnittstellen und Frequenzen, allerdings nicht im partikularen Interesse einzelner wirtschaftlicher Akteure.

—

6. Modellierung hochadaptiver Systeme: Wie und in welchem Ausmaß interdependente und dynamisch verknüpfte soziale, wirtschaftliche und technische Systeme im Bereich der Intelligenten Objekte verstanden und modelliert werden können, sollte ein Schwerpunkt der Forschung sein.

—

7. Effizienzsteigerung: Das Potenzial Intelligenter Objekte zur Optimierung der innerbetrieblichen und unternehmensübergreifenden Wertschöpfung und Leistungserstellung sollte verstärkt erschlossen werden.

—

8. Gesellschaftliche Wirkung: Es muss sichergestellt werden, dass Nutzer Einsicht in alle im Zusammenhang mit ihren Handlungen erhobenen Daten und ihre Verwendung erhalten können. Das bestehende Datenschutzrecht muss angesichts den neuen Entwicklungen angepasst und fortentwickelt werden.

—

9. Institutionelle Verantwortung: Wie kann man die potenziellen Nutzer und Betroffenen dieser Technologien in die Ausgestaltung der Einsatzbedingungen mit einbinden und wie kann man eine institutionell verfestigte Form der Mitbestimmung oder Mitgestaltung der Nutzung verwirklichen? Dazu erscheinen offene soziale Netze, die sich auf Vertrauensbeziehungen gründen, besonders geeignet.

Ob die Benutzer vernetze AAL-Systeme, die in großem Umfang Daten erfassen, verarbeiten und bereitstellen, allerdings als willkommenen Unterstützer oder als bedrohliche Überwacher empfinden werden, hängt maßgeblich von deren Gestaltung und den Kontrollmöglichkeiten ab, die die Benutzer dieser Systeme erhalten. Dies ist besonders wichtig, wenn diese Systeme auch selbstständig Aktionen auslösen können. Aus Sicht der Akzeptanz ist es notwendig sicherzustellen, dass keine Bevormundung der Benutzer stattfindet und dass der Benutzer zu jeder Zeit die vollständige Kontrolle über die Systeme behält. <

Dieser Artikel basiert auf Inhalten, die im Rahmen des Projekts "Intelligente Objekte" der acatech erarbeitet und in der Publikation "Herzog/Schildhauer (Hrsg.)(2009): Intelligente Objekte: Technische Gestaltung – Wirtschaftliche Verwertung – Gesellschaftliche Wirkung" veröffentlicht wurden.

Die vollständige Publikation kann unter dieser URL heruntergeladen werden:
www.acatech.de/de/pubs/publikationssuche/informations-und-kommunikationtechnologien/detail/article/intelligente-objekte-1/984.html

patrik 16 APR 2003
if you are dead you will be so dead that you will not know that you are dead.

NEO 20 FEB 2001
the matrix has you, little fly.

conor 19 SEP 2000
THE INFINITE SADNESS OF BEING TORN AWAY FROM BEING KNOWS NO BOUNDARY..... YOU CAN BECAUSE YOU MUST

MOT 10 SEP 2005
YOU ARE WRITING IT FROM THE HEAVEN OF FLIES

ribes 29 MAR 2009
la

SEAN 13 FEB 2002
There's an internet cafe in heaven?

JEMMA 26 NOV 2006
Cos hell has a computer..

5.56 x 45mm 5 APR 2000
you never die

Lucho 15 APR 2007
Because you're the reincarnation of death itself. Flies are dirty.

Leroy 6. JAN 2001
You are virtual, not dead.

Dakota 10 OCT 2000
You're hiding behind the 'head' tag in the HTML.

birdspanker 16 MAY 2001
MATTER CAN NEITHER BE CREATED NOR DESTROYED.

Lock 13 JAN 2001
SIMPLICITY... MINIMALISM... THE WONDERS OF ETERNITY... FURTHERANCE... WHO CAN EXPLAIN... EVOLUTION THROUGH DEVOTION LU... TWITCH, CRINGE, IT'S ALL THE SAME...

, simply multiply

„Ein Wiegenlied für eine tote Fliege."

(ausgezeichnet auf der CynetArt durch T-Systems Multimedia Solutions).

http://mouchette.org/fly/flies.html

1

Kunst & Kultur

European Tele-Plateaus — vernetzte Orte der Echt-Zeit-Begegnung und Co-Produktion

VON **DR. KLAUS NICOLAI**

Rubriken sind im Zeitalter der universal vernetzten Kommunikation nicht unproblematisch, auch wenn wir nicht ganz ohne Gliederungen z.B. in einer Publikation wie dieser auskommen. Das Cluster „Kunst & Kultur" suggeriert eine Begrenzung auf „Fakultatives", die es genau besehen nicht gibt: Jede Form von Medienentwicklung greift per se in die menschliche Wahrnehmung der Wirklichkeit ein und modelliert diese neu. Unser Selbst- und Weltverhältnis verändert sich dabei grundlegend. Damit ist ein kultureller Aspekt auch technologischer und wirtschaftlicher Entwicklungen hervorgehoben, der möglicherweise grundlegender ist als wir bei aller Fixierung auf ökonomische Effizienz und Mehrwert wahrnehmen. So gesehen ist es wichtig, dass sich die T-Systems Multimedia Solutions zum 15. Gründungsjahr der ganzen Breite des neuerlichen Medialisierungsschubes widmet und von Beginn an auch an künstlerischen Projekten wie dem Festival CYNETART oder dem European Tele-Plateau (ETP) beteiligt.

Die Trans-Media-Akademie Hellerau ist als Plattform aus der experimentellen Medienkunstszene hervorgegangen, die nicht mehr nur die CYNETART veranstaltet, sondern darüber hinaus transdisziplinäre Innovationsprojekte von nationaler und internationaler Bedeutung in ihrem Labor entwickelt. Schwerpunkte bilden dabei vor allem vernetzte interaktive Räume der leibhaftigen Begegnung und Co-Produktion auf Basis originärer Entwicklungen im Bereich Net-Camera-Motion-Sensing-Technologie (vgl. t-m-a.de/intele) sowie das Projekt Virtuelles Parlament – eine Netzplattform zur Unterstützung einer politischen Kultur des 21. Jahrhunderts (virtuellesparlament.de).

www.virtuellesparlament.de

Vernetzte europäische „Weltbühnen" und Plätze der transnationalen Begegnung

Menschen in Dresden, Madrid, Stockholm, Prag und – nach erfolgreicher Weiterführung des unter anderem von der Europäischen Union geförderten Projektes – in St. Petersburg, Florenz, London, Moskau, Rotterdam, Paris oder Brüssel können künftig verbunden über einen Server und entsprechende Netzwerktechnologie mit ihren körperlichen Bewegungen ohne Bedienung zusätzlicher Interfaces miteinander tanzen, forschen und spielen, indem sie zeitgleich Bilder und Klänge kreieren. Diese Vision eines europäischen Hyper-Ortes ist machbar! Er bildet sich aus vernetzten audiovisuellen „Umgebungen", welche durch die Bewegungen von Menschen an verschiedenen Orten Europas hindurch „komponiert", „gesteuert" und „strukturiert" werden. Das heißt der gleichzeitig an allen physischen Orten präsente virtuelle Hyper-Ort bildet sich durch die Generierung von Daten, die innerhalb eines OSC-Netzwerkes allen Rechnern für die Bearbeitung zur Verfügung stehen. Unterschiedliche „Bewegungsparameter" (Geschwindigkeit, Lage im Raum, Ausdehnung usw.) werden im Net-Camera-Motion-Sensing-System digitalisiert und zwischen den Rechnern an den technisch gleich konfigurierten Orten getauscht. An den jeweiligen Orten selbst werden die numerisch codierten Bewegungsparameter in lokal identifizierbare Sound- und Bildprozesse transformiert, sodass ohne merkliche Zeitverzögerung der audiovisuelle Hyper-Ort zeitgleich das Environment der jeweiligen Live-Performances bildet.

Telematik der Zukunft

Es handelt sich dabei insofern um eine Telematik der Zukunft, als die weitere Entwicklung von leibhaftig begehbaren virtuellen Hyper-Orten eine völlig neue Art der Begegnung zwischen Menschen an unterschiedlichsten Punkten der Welt ermöglicht. Das öffnet nicht nur neue „ökologische" Wege der kulturellen Kommunikation, des Spiels, der Forschung und der künstlerischen Performance, sondern schließt vielfältige weitere Anwendungen – vom interaktiven Lernraum bis hin zum interaktiven Wohn- und Kinderzimmer – ein.

Der menschliche Körper selbst ist dabei das entscheidende Interface der Kommunikation! Die jeweilige technisch-künstlerische Konfiguration stellt lediglich audiovisuelle, sensorische und kybernetische Rahmenbedingungen zur Verfügung, die als mehr oder weniger dynamische synästhetische bzw. kinästhetische „Übersetzer" (Transformatoren) von körperbetonten Interaktionen fungieren. Letztlich kann sich jeder Nutzer des virtuellen, translokalen Interaktionsraumes selbst in die Gestaltung der technisch-künstlerischen Kontexte einbringen und seine eigenen „Umwelten" kreieren.

Die telematische Performance untersucht und verknüpft unterschiedliche geografische, kulturelle und virtuelle Raum-Zeit-Situationen. Auf der Basis gleich konfigurierter Net-Camera-Motion-Sensing-Systeme und deren Vernetzung über die Software OpenSoundControl (OSC) bilden die vernetzten europäischen Orte einen einzigen virtuellen „Bühnenraum" bzw. einen öffentlich begehbaren, translokalen Interaktionsraum. Die Versuchsanordnungen „generieren" durch die gleichzeitig stattfindenden Life-Performances einen translokalen Hyper-Ort, der sich nicht nur mit den physischen Performances an den jeweiligen Orten verbindet, sondern durch diese hindurch erst entsteht.

In diesem Sinne stehen die vernetzten European Tele-Plateaus stärker in der Tradition der künstlerisch orientierten Entwicklung von lokalen interaktiven Bühnen und Instrumenten wie sie etwa seit Beginn der 90er-Jahre von Tod Machover am MIT entwickelt werden. Zugleich unterscheiden sich die vernetzten interaktiven Environments von Entwicklungen des Tele-Video-Conferencing. Es geht bei ETP nicht vorrangig um eine möglichst realistische Übertragung von Bildern der Realität, wie z.B. bei der National Tele-Immersion Initiative (NTII) der University of North Carolina. Insofern steht ETP nicht in der Tradition datenintensiver Übertragungen einer möglichst echt aussehenden virtuellen Bild- oder Raum-Realität (Illusionstechnologien). Tele-Plateaus knüpfen stärker an die Idee von Hyper-Objekten an, die weniger auditive oder visuelle Nachbildungen darstellen, sondern eine direkte Re-Präsenz von mental-körperlicher (Inter-)Aktion im Sinne des radikalen Konstruktivismus ermöglichen. Dabei sind z.B. dreidimensionale holografische Hyper-Objekte künftig insofern relevant, als sie Interaktivität zwischen Menschen in virtuellen Umgebungen unterstützen oder vermitteln.

European Tele-Plateaus:
Öffentlich begehbare virtuelle Bild-Klang-
Räume ...

Der translokale Hyper-Raum als virtuelles Welt-Raum-Labor

Die Entwicklung von Tele-Plateaus als transnationale virtuelle Orte der leibhaftigen Interaktion integriert unterschiedlichste Disziplinen und beinhaltet völlig neue Kommunikations- und Kooperationsweisen. Virtuelle Hyperorte können letztlich nur entstehen, wenn zwischen verschiedenen realen Orten gleichberechtigt – sowohl künstlerisch als auch technologisch – an einem virtuellen Bild-Klang-Raum gearbeitet wird. Dabei bildet sich eine neue Art von permanent korrespondierender künstlerischer Forschung und Entwicklung innerhalb des Hyper-Raumes selbst. Das heißt, der transnationale Hyper-Raum besteht nicht lediglich aus addierten virtuellen Umgebungen, sondern der Prozess der Herstellung, der Konfigurierung und leibhaftigen Re-Komposition der Tele-Plateaus findet letztlich selbst seine entscheidende Realisation innerhalb dieses transnationalen Hyper-Raumes.

Jede Art der Gestaltung von auditiven und visuellen virtuellen Umgebungen muss integrativ in Richtung auf den transnationalen Hyper-Raum konzipiert, konfiguriert und komponiert werden und kann auf dieser Basis auch nur im Hyper-Raum – als Integral aller lokaler Aktivitäten – den Ort der Erprobung und Anwendung finden. Künstlerische Arbeit ist damit in jedem Fall transnationale Co-Produktion, ein interdisziplinärer Prozess der Korrespondenz als permanente Abstimmung, Erprobung, Erforschung!

Dies ist in bestimmter Hinsicht vergleichbar mit der Betreibung einer internationalen Weltraumstation: Alle technischen Systeme, Arbeitsformen, Ziele und Strategien müssen auf einen Hyper-Ort fokussiert werden, der keine lokal oder territorial begrenzte Bestimmung hat.

Letztlich besteht das Ziel aller Aktivitäten in einem weltweiten Netzwerk von öffentlich begehbaren Tele-Plateaus, die als Probebühnen für leibhaftige Interaktionen zwischen Bürgern der Welt fungieren (Virtuelle Plätze der Weltkulturen). Diese Begegnung – und das ist das Entscheidende – muss keine Räume überwinden, muss nicht fahren oder fliegen, braucht also keine Fahrzeuge und Flugzeuge, in denen man fest angegurtet ist. In diesem Sinne ist eine Begegnung im Hyper-Raum als unmittelbar korrespondierende Körperbewegung und Erprobung weltbürgerlicher Interaktionsfähigkeit möglich. Diese neuen virtuellen „Bühnenräume" auf Basis schneller Internetverbindungen stellen nicht nur Regisseure, Schauspieler, Tänzer, Dramaturgen, Bühnenbildner, Choreografen, Komponisten, Medienkünstler, Programmierer und Techniker, sondern auch Wirtschaftsunternehmen, Forscher und Wissenschaftler vor völlig neue Herausforderungen.

... die sinnlich-körperliche Interaktionen über große Distanzen in Echtzeit ermöglichen.

Die erste große Performance „body_spaces: Explorations of Nearness & Distance", fand im Dezember 2009 zeitgleich in Dresden, Norrköping, Madrid und Prag statt. Die Tele-Plateaus verwandelten das 2006 wiederhergestellte und 1911 als weltweit erstes Theater ohne separiertem Bühnenraum eröffnete Festspielhaus Hellerau in einen zeitgemäßen „Experimentalraum" zur Erkundung von künstlerisch und technologisch neuen Möglichkeiten der leiblichen Raum-Zeit-Wahrnehmung sowie der translokalen Interaktion und Co-Produktion. Das Festspielhaus Hellerau in Dresden wird so zum Bestandteil eines europäischen telematischen Labors, in dem Voraussetzungen für neue weltbürgerliche Produktions- und Interaktionsformen geschaffen und präsentiert werden. <

Videos und Informationen unter:
www.tele-plateaus.eu
www.dance-tech.net/profile/TMAHellerau

Weitere Links:
www.t-m-a.de
www.transnaturale.de
www.innovationsfonds-dresden.de
www.youtube.com/user/cynetart
www.flickr.com/photos/cynetart_07encounter/

Während die ersten Worte, die über das Telefon oder den Fernschreiber geschickt wurden, legendär sind, weiß kaum jemand etwas über die erste Kommunikation im Internet, das damals noch ARPANET hieß. Diese fand am 29. Oktober 1969 statt, zwischen einem UCLA-Computer und einem Rechner am Stanford Research Institute. Es sollten die Buchstaben LOG (für „Login") übermittelt werden. Parallel sprachen die Techniker übers Telefon. „Hast du das L?"- „Ja!"- „Hast du das O?"- „Ja!"- „Hast du das G?" Dann stürzte der Rechner ab.

Roots & Basics

A Vision for the Internet

BY **PROF. DR. LEONARD KLEINROCK**

Since the beginnings of telecommunication technology 100 years ago, we have witnessed a number of major shifts in the application of communications technologies to the needs of our society and industry. In that process, we have seen the marriage of wireline and wireless technologies, of analog and digital technologies, of voice, data, video, image, fax, streaming media and graphics to create a computer-communications infrastructure that spans the globe and serves billions of people. The Internet is the current manifestation of these developments and has penetrated every structure of our society.

We are now in the midst of an accelerating groundswell in this field of computer communications in its most visible and useful sense. – not simply the wires and networks, but also the infrastructure, middleware, applications, services, modes of use and users of the technology.

On July 3, 1969, UCLA put out a press release[1] announcing the forthcoming birth of the Internet (known originally as the ARPANET) which would take place some months later that year. The opening sentence of that press release begins, "UCLA will become the first station in a nationwide computer network ...". In the final paragraph of that press release, I am quoted as saying, "As of now, computer networks are still in their infancy. But as they grow up and become more sophisticated, we will probably see the spread of 'computer utilities' which, like present electric and telephone utilities, will service individual homes and offices across the country". The "computer utilities" comment foresaw the emergence of web-based IP services; the "electric and telephone utilities" comment foresaw the ability to plug in anywhere to an always on and "invisible" network; and the "individual homes and offices" comment predicted ubiquitous access. Basically, I articulated a vision of what the Internet would become. The part I did not include in my vision 35 years ago was that my 98 year old mother would be on the Internet today (and indeed, she is).

That vision for the Internet can be broken down into five elements:
1. The Internet technology will be everywhere.
2. It will be always accessible.
3. It will be always on.
4. Anyone will be able to plug in from any location with any device at any time.
5. It will be invisible.

The Internet almost got it right. Indeed, the first three elements have already come about. However, the Internet as we know it today has not yet achieved the last two elements of the vision, which are fundamental not only to enable completely new categories of networked services and applications, but also to match the ease of use and availability issues associated with truly consumer multimedia applications.

Why have these last two been lagging? Basically, the mistake regarding element 4 above – any device plugged in at any location at any time – was that the Internet's TCP/IP protocol assumed that end users, their devices, and their IP addresses would all be found in the same location and would all be tightly coupled. These were correct assumptions at the time, since the mentality then was that of a deskbound model for computing platforms. However, it is no longer the case that we stay at our desks. Rather, we are nomads and we travel constantly from our office to our home, airplane, hotel, automobile, coffee shop, branch office, conference room, bedroom, etc. The fact is that end users do not always access the Internet from their fixed location offices, do not always use the same device, and the IP address they use may not be one familiar to every sub-network they encounter in their travels (indeed they may use different IP addresses in their travels). That is, the users are nomads, and the issues associated with nomadic computing were not anticipated by the network protocols that grew up in the Internet. Indeed, we have now entered the era of nomadic computing wherein the mobile or nomadic user seeks to be provided with trouble-free Internet access and service from any device, any place, at any time. The problem with element 5 – invisibility – is that the Internet is anything but invisible in the sense of being easy to use in ways that do not assault our human senses with irritating input and output interfaces. However, the rise of ad hoc networks, sensor networks, nomadic computing, embedded technologies, smart spaces and ubiquitous access, enable cyberspace to move out into our physical world and open up new vistas. The concept of these technologies disappearing into the infrastructure (as has electricity) suggests some far-reaching capabilities in terms of how these disappeared technologies are organised into global systems that serve us and our information and decision-making needs in adaptive and dynamic ways.

In my current vision of the Internet future, I see users moving more into a mode of mobility wherein they access the net not only from their corporate desktop environment, but also ubiquitously at any time from wherever they happen to be with whatever device they have, in a seamless, secure, broadband fashion. I see small pervasive devices ubiquitously embedded in the physical world, providing the capabilities of actuators, sensors, logic, memory, processing, communicators, cameras, microphones, speakers, displays, RFID tags, etc. I see intelligent software agents deployed across the network whose function it is to mine data, act on that data, observe trends, carry out tasks dynamically and adapt to their environment. I see considerably more network traffic generated not so much by humans, but by these embedded devices and these intelligent software agents. I see large collections of self-organising systems controlling vast fast networks. I see huge amounts of information flashing across networks instantaneously with this information undergoing enormous processing and informing the sophisticated decision support and control systems of our society. I see all these things and more as we move headlong into the 21st century. Indeed, I foresee that the Internet will essentially be an invisible global infrastructure serving as a global nervous system for the peoples and processes of this planet. <

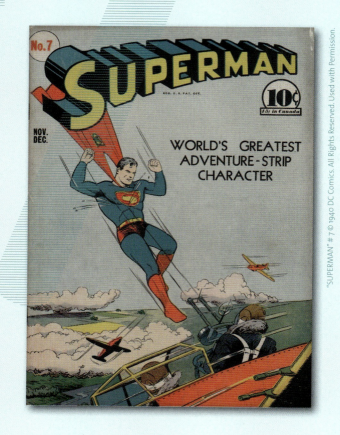

It all began with Superman ...

Roots & Basics

The History of a Pioneer of the Early Internet

LEONARD KLEINROCK'S PERSONAL HISTORY: **THE BIRTH OF THE INTERNET**

It all began with a comic book! At the age of 6, Leonard Kleinrock was reading a Superman comic in his apartment in Manhattan, when, in the centrefold, he found plans for building a crystal radio. To do so, he needed his father's used razor blade, a piece of pencil lead, an empty toilet paper roll, and some wire, all of which he had no trouble obtaining. In addition, he needed an earphone which he promptly appropriated from a public telephone booth. The one remaining part was something called a "variable capacitor". For this, he convinced his mother to take him on the subway down to Canal Street, the centre for radio electronics. Upon arrival at one of the shops, he boldly walked up to the clerk and proudly asked to purchase a variable capacitor, whereupon the clerk replied with, "What size do you want?". This blew his cover, and he confessed that he not only had no idea what size, but he also had no idea what the part was for in the first place. After explaining why he wanted one, the clerk sold him just what he needed. Kleinrock built the crystal radio and was totally hooked when "free" music came through the earphones - no batteries, no power, all free! An engineer was born.

Leonard Kleinrock spent the next few years cannibalising discarded radios as he sharpened his electronics skills. He went to the legendary Bronx High School of Science and appended his studies with courses in Radio Engineering. When the time came to go to college, he found he could not afford to attend, even at the tuition-free City College of New York (CCNY), and so he enrolled in their evening session programme while working full time as an electronics technician/engineer and bringing a solid paycheck home to his family. He graduated with a Bachelor's in Electrical Engineering first in his class after 5 1/2 years of intense work (and was elected student body president of the evening session). His work and college training were invaluable, and led to his winning a full graduate fellowship to attend the Massachusetts Institute of Technology in the Electrical Engineering Department.

At MIT, he found that the vast majority of his classmates were doing their Ph.D. research in the overpopulated area of Information Theory. This was not for him, and instead he chose to break new ground in the virtually unknown area of data networks. Indeed, in 1961, he submitted a Ph.D. proposal to study data networks, thus launching the technology which eventually led to the Internet. In April, 1962 he was the first to publish the idea of chopping data messages into smaller pieces (later to be called "packets") and also to analyze the advantages of doing so. He completed his work in 1962 which was later published in 1964 by McGraw-Hill as an MIT book entitled "Communication Nets". In this work, he developed the mathematical theory of packet networks, establishing the basic principles of packet switching, and thus providing the fundamental underpinnings for that technology. These principles (along with his subsequent research) continue to provide a basis for today's Internet technology. Kleinrock is arguably the world's leading authority and researcher in the field of computer network modelling, analysis and design and a father of the Internet.

But the commercial world was not ready for data networks and his work lay dormant for most of the 1960s as he continued to publish his results on networking technology while at the same time rising rapidly through the professorial ranks at UCLA where he had joined the faculty in 1963. In the mid-1960s, the Advanced Research Projects Agency (ARPA) - which was created in 1958 as the United States' response to Sputnik - became interested in networks. ARPA had been supporting a number of computer scientists around the country and, as new researchers were brought in, they naturally asked ARPA to provide a computer on which they could do their research; however, ARPA reasoned that this community of scientists would be able to share a smaller number of computers if these computers were connected together by means of a data network. Because of his unique expertise in data networking, they called him to Washington to play a key role in prepa-

Massachusetts Institute of Technology
Research Laboratory of Electronics
Cambridge, Massachusetts

APPROVED
COMMITTEE ON GRADUATE STUDY
and RESEARCH
ELEC. ENG. DEPT.
By WMS Date 7/24/61

Information Flow in Large Communication Nets
Proposal for a Ph.D. Thesis

Leonard Kleinrock   May 31, 1961

Even everything digital began with paper: Leonard Kleinrock´s manuscript, "Information Flow in Large Communication Nets", originated in 1961.

ring a functional specification for the ARPANET – a government-supported data network that would use the technology which by then had come to be known as "packet switching".

The specification for the ARPANET was prepared in 1968, and in December 1968, a Cambridge-based computer company, Bolt, Beranek and Newman (BBN) won the contract to design, implement and deploy the ARPANET. It was their job to take the specification and develop a computer that could act as the switching node for the packet-switched ARPANET. BBN had selected a Honeywell minicomputer as the base on which they would build the switch.

Due to Kleinrock's fundamental role in establishing data networking technology over the preceding decade, ARPA decided that UCLA, under Kleinrock's leadership, would become the first node to join the ARPANET. This meant that the first switch (known as an Interface Message Processor - IMP) would arrive on the Labour Day weekend, 1969, and the UCLA team of 40 people that Kleinrock organised would have to provide the ability to connect the first (host) computer to the IMP. This was a challenging task since no such connection had ever been attempted. (This minicomputer had just been released in 1968 and Honeywell displayed it at the 1968 Fall Joint Computer Conference where Kleinrock saw the machine suspended by its hooks at the conference; while running, there was this brute whacking it with a sledge hammer just to show it was robust. Kleinrock suspects that that particular machine is the one that was delivered by BBN to UCLA.) As it turns out, BBN was running two weeks late (much to Kleinrock's delight, since he and his team badly needed the extra development time); BBN, however, shipped the IMP on an airplane instead of on a truck, and it arrived on time on the Labor Day weekend, 1969. Aware of the pending arrival date, Kleinrock and his team worked around the clock to meet the schedule. On the first workday after the IMP arrived, namely, on Tuesday, September 2, the circus began - everyone who had any imaginable excuse to be there, was there. Kleinrock and his team were there; BBN was there; Honeywell was there (the IMP was built out of a Honeywell minicomputer); Scientific Data Systems was there (the UCLA host machine was an SDS machine); AT&T long lines was there (we were attaching to their network); GTE was there (they were the local telephone company); ARPA was there; the UCLA Computer Science Dept. administration was there; the UCLA campus administration was there; plus an army of Computer Science graduate students was there. Expectations and anxieties were high, because everyone was concerned that their piece might fail. Fortunately, the team had done its job well and bits began moving between the UCLA computer and the IMP. On that day, the infant Internet took its first breath of life.

A month later the second node was added (at Stanford Research Institute) and the first Host-to-Host message ever to be sent on the Internet was launched from UCLA. This occurred in on October 29, 1969, when Kleinrock and one of his programmers proceeded to "login" to the SRI Host from the UCLA Host. The procedure was to type "log" and the system at SRI was set up to be clever enough to fill out the rest of the command, namely to add "in" thus creating the word "login". A telephone headset was connected at both ends so they could communicate by voice as the message was transmitted. At the UCLA end, they typed in the "l" and asked SRI if they received it; "got the l" came the voice reply. UCLA typed in the "o", asked if they got it, and received "got the o". UCLA then typed in the "g" and the darned system CRASHED! Quite a beginning. So, the very first message on the Internet was "Lo" as in "Lo and Behold!" One could not have asked for a more succinct, prophetic message! On that day, the infant Internet uttered its first words.

Little did those pioneers realise what they had created. Indeed, most of the ARPA-supported researchers were opposed to joining the network for fear that it would enable outsiders to load down their "private" computers. Kleinrock had to convince them that joining would be a win-win situation for all concerned, and managed to get reluctant agreement in the community. By December 1969, four sites were connected (UCLA, Stanford Research Institute, UC Santa Barbara, and the University of Utah) and UCLA was already conducting a series of extensive tests to debug the network. Indeed, under Kleinrock's supervision, UCLA served for many years as the ARPANET's Network Measurement Centre (in one interesting experiment in the mid-1970's, UCLA managed to control a geosynchronous satellite hovering over the Atlantic Ocean by sending messages through the ARPANET from California to an East Coast satellite dish). As head of the Centre, it was Kleinrock's mission to stress the network to its limits and, if possible, expose its faults by "crashing" the net; in those early days, Kleinrock could bring the net down at will, each time identifying and repairing a serious network fault. Some of the faults he uncovered were given descriptive names like Christmas Lockup and Piggyback Lockup. By mid-1970, ten nodes were connected, spanning the USA. BBN designed the IMP to accommodate no more than 64 computers and only one network. Today, roughly _ of the world's population is connected to the Internet! Electronic mail (email) was an ad-hoc add-on to the

Two who created history:
Leonard Kleinrock and the first IMP.

network in those early days and it immediately began to dominate network traffic; indeed, the network was already demonstrating its most attractive characteristic, namely, its ability to promote "people-to-people" interaction. The ARPANET evolved into the Internet in the 1980s and was discovered by the commercial world in the late 80s; today, the majority of the traffic on the Internet is from the public and commercial sector, whereas it had earlier been dominated by the scientific research community. Indeed, no one in those early days predicted how enormously successful data networking would become.

In the ensuing years since those pioneering days that led to the birth of the Internet, Kleinrock has continued as a prime mover at the frontier of the Internet and its growth and development. He has provided an international brain trust of Ph.D. graduates (47 to date) who populate major laboratories, universities and commercial organisations and who continue to advance the state of the art in networking. As one of the youngest members elected to the National Academy of Engineering, he was a founding member of the National Research Council's elite Computer Science and Telecommunications Board (CSTB). He chaired the committee that produced this Board's first report, "Towards a National Research Network"; in presenting the findings of this landmark report, he testified for then Senator Al Gore, which precipitated the Gigabit Networking component of the US Government's High Performance Computing and Communications Initiative. Kleinrock's work was further recognised when he received the 2007 National Medal of Science, the highest honour for achievement in science bestowed by the President of the United States. This Medal was awarded "for fundamental contributions to the mathematical theory of modern data networks, for the functional specification of packet switching which is the foundation of the Internet Technology, for mentoring generations of students and for leading the commercialisation of technologies that have transformed the world."

The potential impact of this ubiquitous information infrastructure known as the Internet is unbounded. The nature of the services and styles it can produce is limited only by the imagination of its practitioners. Kleinrock has always worked at the frontier of new technology. He chooses not to follow, fill-in, patch-up or catch-up. Rather, he takes the lead and opens up vast new technologies that have impact and excitement. Kleinrock has provided the leadership and vision to help bring this about .

From a comic book to cyberspace; an interesting journey indeed! <

further links:
www.lk.cs.ucla.edu/index.html
www.ucla.edu/
www.lk.cs.ucla.edu/full_bibliography.html

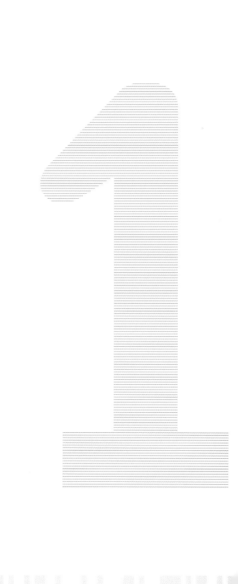

Trends

Das Ende vom Anfang – Zur Weiterentwicklung von Internet und Web

INTERVIEW: **DR. FRANK SCHÖNEFELD** MIT **PROF. DR. DR. WOLFGANG WAHLSTER**

FS: Herr Prof. Wahlster, wenn wir versuchen, das Internet und das Web in seiner Bedeutung zu verstehen, wo müssen wir es in der Technik- und Wissenschaftsgeschichte einordnen?

WW: Es handelt sich sicher um eine der größten technischen Errungenschaften der letzten 100 Jahre. Mit dem Internet und dem Web ist eine neue Kommunikationsinfrastruktur entstanden, die in ihrer Bedeutung die Erfindung des Telefons und der Telekommunikation noch einmal weit übertrifft, da sie diese subsumiert.

FS: Hat die Gesellschaft die Bedeutung des Webs bereits vollständig verstanden?

WW: Nein, das ist in großen Teilen der Bevölkerung noch nicht wirklich angekommen. Das Verständnis für Potenziale und Funktionsweise ist sehr oberflächlich – kaum jemand nimmt z.B. das Mobiltelefon als das wahr, was es ist: einen mit modernsten Kommunikationsmitteln ausgestatteten Computer, der auch den Zugang in das Internet ermöglicht. Ich meine, so wie in der Schule der Aufbau der Atome gelehrt wird, so müssen auch die Grundlagen der mobilen Internettechnik zur Allgemeinbildung gehören. Zum Thema Auto nimmt fast jeder ein hohes Allgemeinverständnis für sich in Anspruch,

Auszug aus einem Interview vom 30.11.09

der Übergang von IPv4- auf IPv6-Adressen im Internet muss hingegen fast schon als Expertenwissen angesehen werden. Ich plädiere also dafür, das als einen wesentlichen Bestandteil dessen, was unsere Schüler und Studenten lernen sollten, anzusehen – ansonsten fehlt uns auch die nächste Forscher- und Unternehmergeneration, die diese Themen weiterentwickelt.

FS: Welches ist die größere Erfindung, das Internet oder das Web?
ww: Von der Breitenwirkung her sicherlich das Web, von den technologischen Ideen her gesehen, das Internet. Das Web kann als Popularisierung des Internets verstanden werden, welches nahezu alle Bevölkerungskreise erreicht. Die Protokollidee und die Idee der dezentralen Verantwortung sind bereits im Internet vorhanden und in der Tat als herausragende technische und wissenschaftliche Leistungen zu betrachten. Der http- und URL-Gedanke setzt das nur konsequent fort.

FS: Hätte das Internet nicht einen Nobelpreis verdient?
ww: Die Vergabe der Preise richtet sich ja strikt nach dem Testament von Alfred Nobel und dort werden leider Mathematik und Informatik nicht berücksichtigt. Zum Glück gibt es ja für die Informatik den Turing Award oder auch den Kyoto-Preis, der zum Teil höher als ein mehrfach geteilter Nobelpreis dotiert wird. Mit der öffentlichen Sichtbarkeit des Nobelpreises können diese Preise natürlich nicht mithalten.

FS: Wie lässt sich Ihr persönlicher Bezug zum Internet charakterisieren, wann sind Sie zum ersten Mal damit in Berührung gekommen, welche eigenen Beiträge haben Sie zum Thema beigesteuert?

WW: Mitte der 80er-Jahre habe ich bereits die ersten E-Mails empfangen, insofern kann man sagen, dass ich sehr früh damit in Berührung gekommen bin. In einer wegweisenden Kooperation mit Siemens ist damals schon die komplette Vernetzung des Saarbrücker Campus vorgenommen worden. Für die Vorstellung, dass man mit E-Mail aber einmal fast jeden Haushalt erreicht, war durchaus noch eine große Menge an Fantasie nötig, zumal damals manche E-Mail durchaus einen Tag bis zur „Zustellung" brauchte. Nachdem ich viele Jahre das Internet tagtäglich nutzte, habe ich Ende der 90er-Jahre damit begonnen, mich selbst mit der nächsten Generation des Internet auch als Forschungsgegenstand zu beschäftigen. Mit dem Buch „Spinning the Semantic Web" (MIT Press) habe ich zusammen mit James Hendler und weiteren Kollegen den Pionierworkshop zum Thema „Semantisches Web" in Deutschland veröffentlicht und unsere Ergebnisse zur maschinellen Wissensrepräsentation eingebracht.

FS: Welche Stellung nimmt aus Ihrer heutigen Sicht die KI für die Informatik im Allgemeinen und für das Internet/Web im Speziellen ein?

WW: Die KI (für mich gilt: KI = Künftige Informatik) war ja schon immer die Avantgarde der Informatik. Ohne Methoden der Künstlichen Intelligenz ist das Problem, personalisierte Suchagenten für das Internet zu entwickeln, nicht zu bewältigen.

Wenn man bei Google heute die Forschungsabteilung besucht, dann ist die Mehrheit der Wissenschaftler damit beschäftigt, Lösungen zu finden, wie man von der heutigen stichwortbasierten Suche zu einer semantischen Suche gelangt, die auch Sprache maschinell versteht. Das ist die Grundvoraussetzung dafür, die nächste Stufe des Webs zu erklimmen. Ein uralter Traum der Menschheit ist die Entwicklung einer Antwortmaschine, wie sie Visionäre bereits vor hunderten von Jahren angedacht hatten. Eine Maschine, in die man eine umgangssprachlich formulierte Frage eingibt und welche dann die Antwort liefert. Dieser Maschine sind wir in Deutschland mit unserem SmartWeb-Projekt ein großes Stück nähergekommen.

FS: Welche Haupttrends sehen Sie bei der Entwicklung des Webs und sehen Sie einen gemeinsamen Nenner für die beobachteten Strömungen in der Weiterentwicklung des Webs?

ww: Ein sehr wichtiges Gebiet ist die automatische Informationsextraktion. Hier werden aus unstrukturierten Dokumenten im Web strukturierte Informationen hergestellt. Wie kann ich ontologische Markierungen automatisch generieren und wie kann ich zum Beispiel einfach aus Texten Datenbanken auffüllen, die dann sehr effizient befragbar sind.

Ein ganz konkretes Beispiel: Wir arbeiten im DFKI derzeit an dem sogenannten „Opinion-Mining" und der „Sentiment-Analyse", mit denen man vollautomatisch in Blogs, Chatgruppen, Webforen und auf Webseiten Meinungen von Konsumenten, positiver und negativer Art, erkennen und systematisch analysieren kann und somit eine automatisierte Marktforschung erhält.

Ein zweiter wesentlicher Trend ist die multimodale Benutzerinteraktion. Wir werden hin zum 3D-Internet kombiniert mit Sprach- und Gestikinteraktion kommen. Offene Standards wie OpenSIM erleichtern die Verbreitung von 3D-Interaktionswelten. Durch neuartige Dualwelttechnologien werden instrumentierte physische Umgebungen bidirektional mit virtuellen 3D-Welten gekoppelt. Wenn ich beispielsweise vergessen habe, in meiner Ferienwohnung das Licht oder den Herd abzuschalten, dann kann ich dies in der Dualwelt erledigen. Auf diese Weise kann man in Zukunft ganze Fabriken fernsteuern.

Für das Internet sehe ich die folgenden Haupttrends: Das Internet der Zukunft ist die Integration des Internets der Dinge, der Dienste, des 3D-Webs und des semantischen Webs. In Zukunft werden immer mehr digital veredelte Alltagsgegenstände vom smarten Stromzähler über die Waschmaschine bis hin zur Ladestation für Elektroautos miteinander vernetzt werden. Neue Geschäftsmodelle entstehen, wenn man nun dieses Internet der Dinge mit den entsprechenden Internet-Diensten verbindet. IP-basierte Vernetzung werden wir in Zukunft von der Fabrik bis ins Automobil erleben.

FS: Wie bewerten Sie die Situation der Web- und Internet-Industrie und -Forschung in Europa bzw. in Deutschland und welche Empfehlungen geben Sie für Politik, Forschung und Industrie?

ww: Die allerwichtigste Empfehlung für die Politik ist die, dass die Forschung und Entwicklung auf dem Gebiet des Webs weiter unterstützt und vorangetrieben werden muss. Wir haben hier erst die Spitze des Eisberges erreicht. In den nächsten Jahren wird die Entwicklung rasant weitergehen. Meine Haupthandlungsempfehlung für Deutschland ist, Stärken zu stärken, indem eingebettete Systeme und Unternehmenssoftware in die nächste Generation des Internets der Dinge und der Dienste überführt werden. Mit dem digitalen Unternehmen der Zukunft wird man auf diese Weise in die Lage versetzt werden, seine Geschäftsprozessmodelle in Realzeit auf der realwirtschaftlichen Ebene abzubilden und durch Funksensoren jederzeit die kompletten Lieferketten verfolgen zu können. Umgekehrt ließen sich so aber auch durch sensorbasierte Beobachtungen im Realgeschehen die Geschäftsmodelle sofort nachsteuern – für die deutsche Industrie eine echte Chance. Überall da, wo es darum geht, sehr komplexe Systeme der Technik zu integrieren, gehörten deutsche Ingenieure auch historisch schon immer zur Weltspitze.

FS: Welche Folgen sehen Sie für die Ökonomie als Ganzes und die einzelne Firma im Speziellen? Wird die Firma verschwinden?

ww: Ich glaube nicht, dass Firmen verschwinden werden. Ich glaube aber, dass überall dort, wo viele Kompetenzen zusammengebracht und enorme Investitionen getätigt werden müssen, um etwas zu fertigen oder um zum Beispiel neuartige Dienstleitungen durchzuführen, eine soziale Organisation, wie sie die Firma darstellt, auch in Zukunft unbedingt notwendig ist. Kein Unternehmen wird sich zukünftig aber dem Internet entziehen können. Aus meiner Sicht müssen die meisten Unternehmen gerade jetzt einen großen Schub an IKT-Investitionen tätigen, um die nächste Stufe der Produktivität zu erreichen und neue Wertschöpfungsketten aufzubauen. Hier gibt es derzeit leider einen gefährlichen Investitionsstau in Europa.

FS: Was passiert eigentlich, wenn alles vernetzt ist? Was ist Ihre gefährlichste Idee?

ww: 1. Eine gefährliche Idee ist der kriminelle Missbrauch proaktiver Sicherheitssysteme, wie sie in modernen, untereinander über Internet kommunizierenden Autos eigentlich zum Schutze der Insassen zur Anwendung kommen, indem die Car2X-Protokolle gehackt und durch gezielte Fehlinformation Unfälle provoziert werden.

2. Eine weitere gefährliche Idee ist die totale Überwachung der Privatsphäre, wie sie durch das Lifelogging für Personen in Form eines automatisch angelegten Tagebuches möglich wird, wenn keine entsprechenden Schutzmechanismen etabliert werden. Umgekehrt bringen diese Technologien aber ganz enorme wirtschaftliche Chancen und praktische Vorteile, sodass ich die Chancen höher bewerte als die Risiken. ‹

Weitere Links:
www.dfki.de
www.dfki.de/~wahlster/

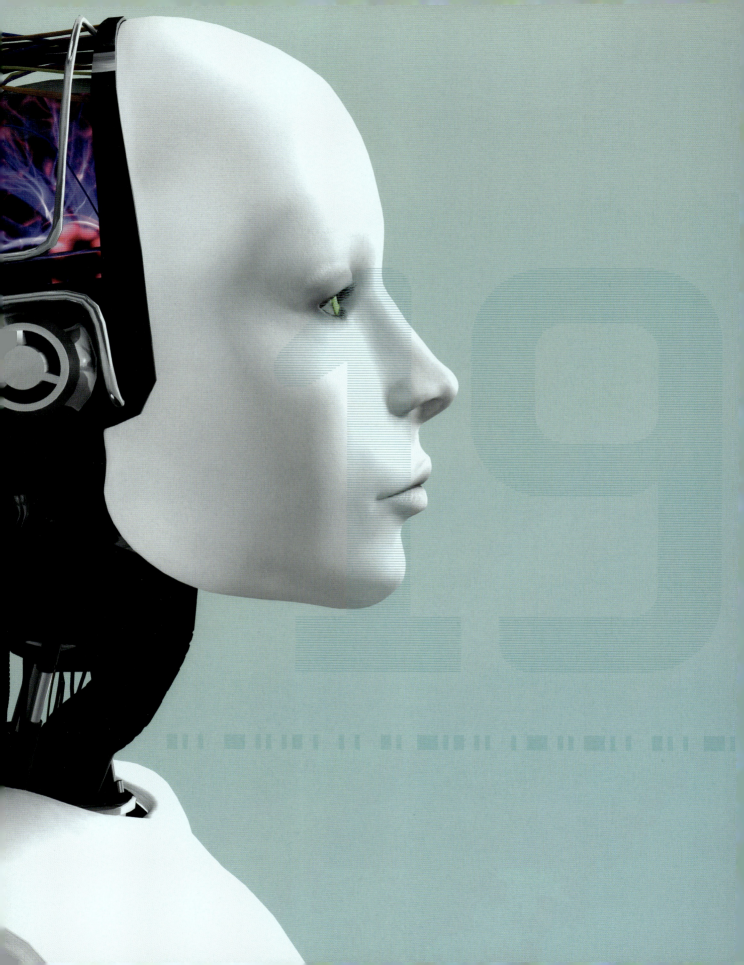

Trends

The Singularity is Near:
When Humans Transcend Biology

Questions and Answers

BY **RAY KURZWEIL**

So what is the Singularity?

Within a quarter of a century, nonbiological intelligence will match the range and subtlety of human intelligence. It will then soar past it because of the continuing acceleration of information-based technologies, as well as the ability of machines to instantly share their knowledge. Intelligent nanorobots will be deeply integrated in our bodies, our brains and our environment, overcoming pollution and poverty, providing vastly extended longevity, full-immersion virtual reality incorporating all of the senses (like "The Matrix"), "experience beaming" (like "Being John Malkovich") and vastly enhanced human intelligence. The result will be an intimate merger between the technology-creating species and the technological evolutionary process it spawned.

And that's the Singularity?
No, that's just the precursor. Nonbiological intelligence will have access to its own design and will be able to improve itself in an increasingly rapid redesign cycle. We'll get to a point where technical progress will be so fast that unenhanced human intelligence will be unable to follow it. That will mark the Singularity.

When will that occur?
I set the date for the Singularity – representing a profound and disruptive transformation in human capability – as 2045. The nonbiological intelligence created in that year will be one billion times more powerful than all human intelligence today.

Why is this called the Singularity?
The term "Singularity" in my book is comparable to the use of this term by the physics community. Just as we find it hard to see beyond the event horizon of a black hole, we also find it difficult to see beyond the event horizon of the historical Singularity. How can we, with our limited biological brains, imagine what our future civilization, with its intelligence multiplied trillions-fold, be capable of thinking and doing? Nevertheless, just as we can draw conclusions about the nature of black holes through our conceptual thinking, despite never having actually been inside one, our thinking today is powerful enough to have meaningful insights into the implications of the Singularity. That's what I've tried to do in this book.

Okay, let's break this down. It seems a key part of your thesis is that we will be able to capture the intelligence of our brains in a machine.
Indeed.

So how are we going to achieve that?
We can break this down further into hardware and software requirements. In the book, I show how we need about 10 quadrillion (10^{16}) calculations per second (cps) to provide a functional equivalent to all the regions of the brain. Some estimates are lower than this by a factor of 100. Supercomputers are already at 100 trillion (10^{14}) cps, and will hit 10^{16} cps around the end of this decade. Several supercomputers with 1 quadrillion cps are already on the drawing board, with two Japanese efforts targeting 10 quadrillion cps around the end of the decade. By 2020, 10 quadrillion cps will be available

for around $1,000. Achieving the hardware requirement was controversial when my last book on this topic, The Age of Spiritual Machines, came out in 1999, but is now pretty much of a mainstream view among informed observers. Now the controversy is focused on the algorithms.

And how will we recreate the algorithms of human intelligence?

To understand the principles of human intelligence, we need to reverse-engineer the human brain. Here, progress is far greater than most people realize. The spatial and temporal (time) resolution of brain scanning is also progressing at an exponential rate, roughly doubling each year, like most everything else having to do with information. Just recently, scanning tools can see individual interneuronal connections, and watch them fire in real time. Already, we have mathematical models and simulations of a couple of dozen regions of the brain, including the cerebellum, which comprises more than half the neurons in the brain. IBM is now creating a simulation of about 10,000 cortical neurons, including tens of millions of connections. The first version will simulate the electrical activity, whereas a future version will also simulate the relevant chemical activity. It's conservative to conclude that we will have effective models for all of the brain by the mid 2020s.

So at that point we'll just copy a human brain into a supercomputer?

I would rather put it this way: at that point, we'll have a full understanding of the methods of the human brain. One benefit will be a deep understanding of ourselves, but the key implication is that it will expand the toolkit of techniques we can apply to create artificial intelligence. We will then be able to create nonbiological systems that match human intelligence in the ways that humans are now superior, for example, our pattern-recognition abilities. These superintelligent computers will be able to do things we are not able to do, such as share knowledge and skills at electronic speeds.

By 2030, a thousand dollars of computation will be about a thousand times more powerful than a human brain. Keep in mind also that computers will not be organised as discrete objects as they are today. There will be a web of computing deeply integrated into the environment, our bodies and brains.

Why don't more people see these profound changes ahead?

Hopefully, after they read my new book, they will. But the primary failure is the inability of many observers to think in exponential terms. Most long-

This shop window dummy is supposed to depict a typical inventor. It greets every visitor in Ray Kurzweil's office.

range forecasts of what is technically feasible in future time periods dramatically underestimate the power of future developments, because they are based on what I call the "intuitive linear" view of history rather than the "historical exponential" view. My models show that we are doubling the paradigm-shift rate every decade. Thus the 20th century was gradually speeding up to the rate of progress at the end of the century; its achievements, therefore, were equivalent to about twenty years of progress at the rate in 2000. We'll make another twenty years of progress in just fourteen years (by 2014), and then do the same again in only seven years. To express this another way, we won't experience one hundred years of technological advance in the 21st century; we will witness on the order of 20,000 years of progress (again, when measured by the rate of progress in 2000), or about 1,000 times greater than what was achieved in the 20th century.

The exponential growth of information technologies is even greater: we're doubling the power of information technologies, as measured by price-performance, bandwidth, capacity and many other types of measurements, about every year. That's a factor of a thousand in ten years, a million in twenty years, and a billion in thirty years. This goes far beyond Moore's law (the shrinking of transistors on an integrated circuit, allowing us to double the price-performance of electronics each year). Electronics is just one example of many. As another example, it took us 14 years to sequence HIV; we recently sequenced SARS in only 31 days.

So this acceleration of information technologies applies to biology as well?
Absolutely. It's not just computer devices like cell phones and digital cameras that are accelerating in capability. Ultimately, everything of importance will be comprised essentially of information technology. With the advent of nanotechnology-based manufacturing in the 2020s, we'll be able to use inexpensive table-top devices to manufacture on-demand just about anything from very inexpensive raw materials using information processes that will rearrange matter and energy at the molecular level.

We'll meet our energy needs using nanotechnology-based solar panels that will capture the energy in .03 percent of the sunlight that falls on the Earth, which is all we need to meet our projected energy needs in 2030. We'll store the energy in widely distributed fuel cells.

What will the impact of these developments be?
Radical life extension, for one.

Sounds interesting, how does that work?

In the book, I talk about three great overlapping revolutions that go by the letters "GNR," which stands for genetics, nanotechnology, and robotics. Each will provide a dramatic increase to human longevity among other profound impacts. We're in the early stages of the genetics – also called biotechnology – revolution right now. Biotechnology is providing the means to actually change your genes: not just designer babies but designer baby boomers. We'll also be able to rejuvenate all of your body's tissues and organs by transforming your skin cells into youthful versions of every other cell type. Already, new drug development is precisely targeting key steps in the process of atherosclerosis (the cause of heart disease), cancerous tumor formation and the metabolic processes underlying each major disease and aging process. The biotechnology revolution is still in its early stages and will reach its peak in the second decade of this century, at which point we'll be able to overcome most major diseases and dramatically slow down the aging process.

That will bring us to the nanotechnology revolution, which will reach maturity in the 2020s. With nanotechnology, we will be able to go beyond the limits of biology and replace your current "human body version 1.0" with a dramatically upgraded version 2.0, providing radical life extension.

And how does that work?

The "killer app" of nanotechnology is "nanobots," which are blood-cell sized robots that can travel in the bloodstream destroying pathogens, removing debris, correcting DNA errors and reversing aging processes.

Human body version 2.0?

We're already in the early stages of augmenting and replacing each of our organs, even portions of our brains with neural implants, the most recent versions of which allow patients to download new software to their neural implants from outside their bodies. In the book, I describe how each of our organs will ultimately be replaced. For example, nanobots could deliver to our bloodstream an optimal set of all the nutrients, hormones and other substances we need, as well as remove toxins and waste products. The gastrointestinal tract could be reserved for culinary pleasures rather than the tedious biological function of providing nutrients. After all, we've already in some ways separated the communication and pleasurable aspects of sex from its biological function.

And the third revolution?
The robotics revolution, which really refers to "strong" AI, that is, artificial intelligence at the human level, which we talked about earlier. We'll have both the hardware and software to recreate human intelligence by the end of the 2020s. We'll be able to improve these methods and harness the speed, memory capabilities and knowledge-sharing ability of machines.

We'll ultimately be able to scan all the salient details of our brains from inside, using billions of nanobots in the capillaries. We can then back up the information. Using nanotechnology-based manufacturing, we could recreate your brain, or better yet reinstantiate it in a more capable computing substrate.

Which means?
Our biological brains use chemical signalling, which transmit information at only a few hundred feet per second. Electronics is already millions of times faster than this. In the book, I show how one cubic inch of nanotube circuitry would be about one hundred million times more powerful than the human brain. So we'll have more powerful means of instantiating our intelligence than the extremely slow speeds of our interneuronal connections.

So we'll just replace our biological brains with circuitry?
I see this starting with nanobots in our bodies and brains. The nanobots will keep us healthy, provide full-immersion virtual reality from within the nervous system, provide direct brain-to-brain communication over the Internet and otherwise greatly expand human intelligence. But keep in mind that nonbiological intelligence is doubling in capability each year, whereas our biological intelligence is essentially fixed in capacity. As we get to the 2030s, the nonbiological portion of our intelligence will predominate.

The closest life extension technology, however, is biotechnology, isn't that right?
There's certainly overlap in the G, N and R revolutions, but that's essentially correct.

So we're going to essentially reprogram our DNA.
That's a good way of putting it, but that's only one broad approach. Another important line of attack is to regrow our own cells, tissues and even whole organs, and introduce them into our bodies without surgery. One major be-

nefit of this "therapeutic cloning" technique is that we will be able to create these new tissues and organs from versions of our cells that have also been made younger—the emerging field of rejuvenation medicine. For example, we will be able to create new heart cells from your skin cells and introduce them into your system through the bloodstream. Over time, your heart cells get replaced with these new cells, and the result is a rejuvenated "young" heart with your own DNA.

Drug discovery was once a matter of finding substances that produced some beneficial effect without excessive side effects. This process was similar to early humans' tool discovery, which was limited to simply finding rocks and natural implements that could be used for helpful purposes. Today, we are learning the precise biochemical pathways that underlie both disease and aging processes, and are able to design drugs to carry out precise missions at the molecular level. The scope and scale of these efforts is vast.

But perfecting our biology will only get us so far. The reality is that biology will never be able to match what we will be capable of engineering, now that we are gaining a deep understanding of biology's principles of operation.

Isn't nature optimal?

Not at all. Our interneuronal connections compute at about 200 transactions per second, at least a million times slower than electronics. As another example, a nanotechnology theorist, Rob Freitas, has a conceptual design for nanobots that replace our red blood cells. A conservative analysis shows that if you replaced 10 percent of your red blood cells with Freitas' "respirocytes," you could sit at the bottom of a pool for four hours without taking a breath.

If people stop dying, isn't that going to lead to overpopulation?

A common mistake that people make when considering the future is to envision a major change to today's world, such as radical life extension, as if nothing else were going to change. The GNR revolutions will result in other transformations that address this issue. For example, nanotechnology will enable us to create virtually any physical product from information and very inexpensive raw materials, leading to radical wealth creation. We'll have the means to meet the material needs of any conceivable size population of biological humans. Nanotechnology will also provide the means of cleaning up environmental damage from earlier stages of industrialisation.

So we'll overcome disease, pollution, and poverty – sounds like a utopian vision.

It's true that the dramatic scale of the technologies of the next couple of decades will enable human civilization to overcome problems that we have struggled with for eons. But these developments are not without their dangers. Technology is a double-edged sword – we don't have to look past the 20th century to see the intertwined promise and peril of technology.

What sort of perils?

G, N and R each have their downsides. The existential threat from genetic technologies is already here: the same technology that will soon make major strides against cancer, heart disease and other diseases could also be employed by a bioterrorist to create a bioengineered biological virus that combines ease of transmission, deadliness and stealthiness, that is, a long incubation period. The tools and knowledge to do this are far more widespread than the tools and knowledge to create an atomic bomb, and the impact could be far worse.

So maybe we shouldn't go down this road.

It's a little late for that. But the idea of relinquishing new technologies such as biotechnology and nanotechnology is already being advocated. I argue in the book that this would be the wrong strategy. Besides depriving human society of the profound benefits of these technologies, such a strategy would actually make the dangers worse by driving development underground, where responsible scientists would not have easy access to the tools needed to defend us.

So how do we protect ourselves?

I discuss strategies for protecting against dangers from abuse or accidental misuse of these very powerful technologies in chapter 8. The overall message is that we need to give a higher priority to preparing protective strategies and systems. We need to put a few more stones on the defense side of the scale. I've given testimony to Congress on a specific proposal for a "Manhattan" style project to create a rapid response system that could protect society from a new virulent biological virus. One strategy would be to use RNAi, which has been shown to be effective against viral diseases. We would set up a system that could quickly sequence a new virus, prepare an RNA interference medication and rapidly gear up production. We have the knowledge to create such a system, but we have not done so yet. We need to have something like this in place before it's needed. Ultimately, however, nanotechnology will provide a completely effective defense against biological viruses.

Okay, so I'll have to read the book for that one. But aren't there limits to exponential growth? You know the story about rabbits in Australia — they didn't keep growing exponentially forever.

There are limits to the exponential growth inherent in each paradigm. Moore's law was not the first paradigm to bring exponential growth to computing, but rather the fifth. In the 1950s, they were shrinking vacuum tubes to keep the exponential growth going and then that paradigm hit a wall. But the exponential growth of computing didn't stop. It kept going, with the new paradigm of transistors taking over. Each time we can see the end of the road for a paradigm, it creates research pressure to create the next one. That's happening now with Moore's law, even though we are still about fifteen years away from the end of our ability to shrink transistors on a flat integrated circuit. We're making dramatic progress in creating the sixth paradigm, which is three-dimensional molecular computing.

But isn't there an overall limit to our ability to expand the power of computation?

Yes, I discuss these limits in the book. The ultimate 2 pound computer could provide 10^{42} cps, which will be about 10 quadrillion (10^{16}) times more powerful than all human brains put together today. And that's if we restrict the computer to staying at a cold temperature. If we allow it to get hot, we could improve that by a factor of another 100 million. And, of course, we'll be devoting more than two pounds of matter to computing. Ultimately, we'll use a significant portion of the matter and energy in our vicinity. So, yes, there are limits, but they're not very limiting.

And when we saturate the ability of the matter and energy in our solar system to support intelligent processes, what happens then?

Then we'll expand to the rest of the Universe.

Which will take a long time I presume.

Well, that depends on whether we can use wormholes to get to other places in the Universe quickly, or otherwise circumvent the speed of light. If wormholes are feasible, and analyses show they are consistent with general relativity, we could saturate the universe with our intelligence within a couple of centuries. I discuss the prospects for this in chapter 6. But regardless of speculation on wormholes, we'll get to the limits of computing in our solar system within this century. At that point, we'll have expanded the powers of our intelligence by trillions of trillions.

Getting back to life extension, isn't it natural to age, to die?

Other natural things include malaria, Ebola, appendicitis and tsunamis. Many natural things are worth changing. Aging may be "natural," but I don't see anything positive in losing my mental agility, sensory acuity, physical limberness, sexual desire or any other human ability.

In my view, death is a tragedy. It's a tremendous loss of personality, skills, knowledge, relationships. We've rationalised it as a good thing because that's really been the only alternative we've had. But disease, aging and death are problems we are now in a position to overcome.

Wait, you said that the golden era of biotechnology was still a decade away. We don't have radical life extension today, do we?

In my last book, Fantastic Voyage, Live Long Enough to Live Forever, which I coauthored with Terry Grossman, M.D., we describe a detailed and personalised programme you can implement now (which we call "bridge one") that will enable most people to live long enough to get to the mature phase of the biotechnology evolution ("bridge two"). That, in turn, will get us to "bridge three," which is nanotechnology and strong AI, which will result in being able to live indefinitely.

Okay, but won't it get boring to live many hundreds of years?

If humans lived many hundreds of years with no other change in the nature of human life, then, yes, that would lead to a deep ennui. But the same nanobots in the bloodstream that will keep us healthy – by destroying pathogens and reversing aging processes – will also vastly augment our intelligence and experiences. As is its nature, the nonbiological portion of our intelligence will expand its powers exponentially, so it will ultimately predominate. The result will be accelerating change – so we will not be bored.

Won't the Singularity create the ultimate "digital divide" due to unequal access to radical life extension and superintelligent computers?

We need to consider an important feature of the law of accelerating returns, which is a 50 percent annual deflation factor for information technologies, a factor which itself will increase. Technologies start out affordable only by the wealthy, but at this stage, they actually don't work very well. At the next stage, they're merely expensive, and work a bit better. Then they work quite well and are inexpensive. Ultimately, they're almost free. Cell phones are now at the inexpensive stage. There are countries in Asia where most people were pushing a plow fifteen years ago, yet now have thriving information economies and most people have a cell phone. This progression from early adoption of unaffordable technologies that don't work well to late adoption of refined technologies that are very inexpensive is currently a decade-long process. But that, too, will accelerate. Ten years from now, this will be a five year progression, and twenty years from now it will be only a two- to three-year lag.

This model applies not just to electronic gadgets but to anything having to do with information, and ultimately that will mean everything of value, including all manufactured products. In biology, we have gone from a cost of ten dollars to sequence a base pair of DNA in 1990 to about a penny today. AIDS drugs started out costing tens of thousands of dollars per patient per year and didn't work very well, whereas today, effective drugs are about a hundred dollars per patient per year in poor countries. That's still more than we'd like, but the technology is moving in the right direction. So the digital divide and the have-have not divide is diminishing, not exacerbating. Ultimately, everyone will have great wealth at their disposal.

Where does God fit into the Singularity?
Although the different religious traditions have somewhat different conceptions of God, the common thread is that God represents unlimited – infi-

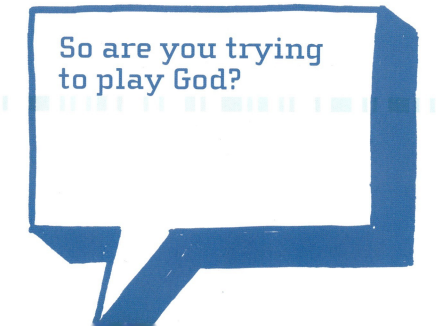

So are you trying to play God?

> **Actually, I'm trying to play a human.**

nite – levels of intelligence, knowledge, creativity, beauty and love. As systems evolve – through biology and technology – we find that they become more complex, more intelligent and more knowledgeable. They become more intricate and more beautiful, more capable of higher emotions such as love. So they grow exponentially in intelligence, knowledge, creativity, beauty and love, all of the qualities people ascribe to God without limit. Although evolution does not reach a literally infinite level of these attributes, it does accelerate towards ever greater levels, so we can view evolution as a spiritual process, moving ever closer to this ideal. The Singularity will represent an explosion of these higher values of complexity.

So are you trying to play God?

Actually, I'm trying to play a human. I'm trying to do what humans do well, which is solve problems.

But will we still be human after all these changes?

That depends on how you define human. Some observers define human based on our limitations. I prefer to define us as the species that seeks – and succeeds – in going beyond our limitations.

Many observers point out how science has thrown us off our pedestal, showing us that we're not as central as we thought, that the stars don't circle around the Earth, that we're not descended from the Gods but rather from monkeys and, before that, earthworms.

All of that is true, but it turns out that we are central after all. Our ability to create models – virtual realities – in our brains, combined with our modest-looking thumbs, are enabling us to expand our horizons without limit. <

The Age of Spiritual Machines has been translated into 9 languages and was the #1 best selling book on Amazon in science. Ray's latest book, The Singularity is Near, was a New York Times best seller, and has been the #1 book on Amazon in both science and philosophy.
Ray's web site KurzweilAI.net has over one million readers.

further links:
www.dresdner-zukunftsforum.de/blog/2009/11/03/ray-kurzweil-beim-4-dresdner-zukunftsforum/

www.kurzweiltech.com
www.kurzweilai.net
www.singularity.com

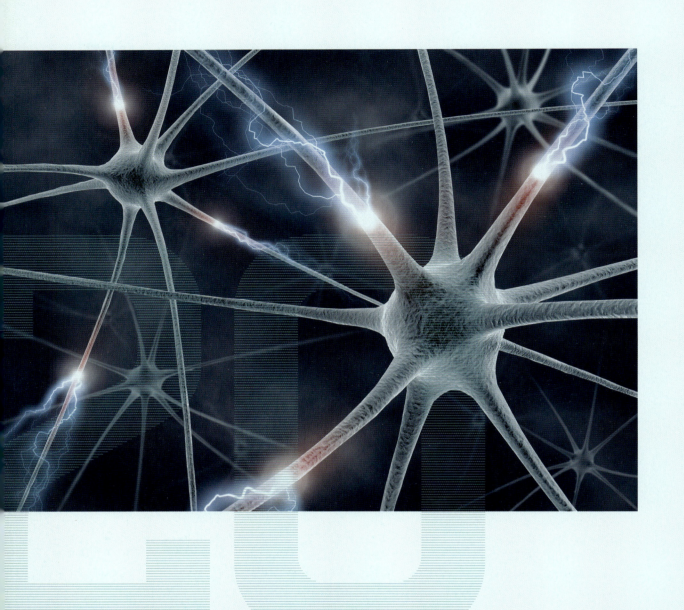

Trends

Neue Medien – über 2010 hinaus

... und ihre Möglichkeit, kreatives Potenzial zu aktivieren

VON **PROF. DR. HERBERT W. FRANKE**

Zuerst das Problem! Es sind die Ressourcen, um die es geht. Die nötig sind, um die Finanzwelt in Ordnung zu bringen – die Löcher zu stopfen, die die Spekulanten gerissen haben. Die Ressourcen, die man haben muss, um soziale Utopien zu verwirklichen: jedem sein Eigenheim, jedem seine Spülmaschine, jedem sein Auto ... und das Selbstverständliche, was man zum Leben braucht. Die es erlauben, vernünftig in die Zukunft hinein zu planen – und dabei die Freiheit zu erhalten. Ressourcen also: Öl beispielsweise, oder Erze – Gold, Platin, Iridium, Gallium ... Das sind jene Ressourcen, die es in Deutschland nicht gibt. Und die letztlich auch denen nichts nützen, die heute darüber verfügen. Warum? Ganz einfach: Weil sich diese Ressourcen verbrauchen.

Das Ideal also: Ressourcen, die sich nicht verbrauchen. Es gab sie, und der deutsche Raum war ein guter Boden dafür: Ideen, Erfindungen, Innovation. Ausgewiesen durch deutsche Markensiegel. Und durch Nobelpreise, sogar eine ganze Menge. Derzeit landen sie hier nur noch spärlich. Warum das so ist? Das Potenzial ist zwar noch vorhanden; unser entsprechend ausgebildeter Nachwuchs ist im Ausland gern gesehen. Doch unsere wissenschaftlich-technische Kultur verkümmert. Wenig Interesse, Bedenken, Ablehnung, Verbote ...

Woran liegt es? – vielleicht an unserer humanistischen Kultur, die den Schöngeist höherschätzt? Oder einfach am Desinteresse? Desinteresse ist die Folge von mangelndem Verständnis. Wenn es einen irritiert. Wenn es einen ängstigt. Ist die geringe Wertschätzung berechtigt? Ist das Desinteresse konsequent? Ist das Wissen der Naturwissenschaft zu banal? Der Physiker, der es im Labor krachen lässt. Der Chemiker, der in streng riechenden Flüssigkeiten rührt ... Ein falsches Bild, ein überholtes Bild? In Wirklichkeit ist die Wissenschaft noch nie so nahe an die Lösung jener Fragen gekommen, die die Philosophen von alters her bewegt haben. Noch nie wusste man so viel über das Leben wie heute. Noch nie ist die Wissenschaft der Kunst so nahegekommen wie jetzt. Noch nie waren wir so nahe daran, unser eigenes Denken und Empfinden zu verstehen. Doch das müsste sich erst herumsprechen.

Herumsprechen, bekannt Machen, Interesse Erwecken, Erklären – und Überzeugen. Damit sind wir im Wirkungsfeld der Kommunikation angekommen. Der Kommunikation, die dank neuer Einsichten und neuer technischer Mittel so immense Fortschritte erzielt hat – und noch immer erzielt. Mit neuen Medien, die Information in einem Maß aufarbeiten und verbreiten wie nie zuvor. Damit könnte der Schlüssel gefunden sein, der das Tor zum Begreifen öffnet. Oder, um konkret zu werden: Für all die Kreativen, die sich der neuen Medien bedienen, zeichnet sich eine Aufgabe ab, die bisher sträflich vernachlässigt wurde: das einfach zu erklären, was so schwierig erscheint: Quanteneffekte, Nanotechnologie, Molekularbiologie, Neuronennetze ... Was kann der Kreative, der Programmierer, der Informationsdesigner, der Computergrafiker dazu tun?

Dazu einige Hinweise. Ein Betätigungsfeld größter Bedeutung ist die Frage der Vermittlung von Daten. Das ererbte Verständigungssystem ist die Sprache, derer wir uns heute meist in Form von Schrift bedienen. Eigentlich absurd: Die im Gehirn auftretenden Vorstellungen werden durch Laute codiert, die dann als Buchstaben über das Auge aufgenommen werden, um im Gehirn wieder in die Lautsprache zurückübersetzt zu werden. Und dann erst folgt die Transformation in eine bildliche Vorstellungswelt. Ist das wirklich die beste Art, etwas mitzuteilen? Schließlich ist auch zu berücksichtigen, dass der Gesichtssinn um eine Größenordnung mehr an Information pro Zeiteinheit aufnehmen kann als das an zweiter Stelle stehende Gehör, und dazu kommt noch die Fähigkeit, zwei-, in gewissem Maß sogar dreidimensionale Entitäten wahrzunehmen. Und damit gleich zur Antwort: Jede Information, die zwei- oder dreidimensionale Zusammenhänge betrifft, lässt sich mit Bildern besser ausdrücken als mit Worten.

Und das bringt die neuen Mittel der Erstellung, Speicherung und Weiterleitung von Bildern ins Spiel. Konnte man in alten Mathematikbüchern allenfalls die Grundformen der Geometrie visuell wiedergeben, so ist es heute mit Computerhilfe möglich, komplizierteste Gebilde in Bruchteilen von Sekunden auf den Schirm zu zaubern – wenn gewünscht bewegt oder interaktiv veränderlich. Und wenn man sich daran erinnert, dass sich der größte Teil aller mathematischen Zusammenhänge in Bildern ausdrücken lässt, dann kommt man bald zur Erkenntnis, dass in den meisten Fällen die Mühe einer umständlichen Interpretation eigentlich gar nicht nötig ist. In den Schulen könnte man in den ersten Jahren ohne Formeln auskommen. Und noch etwas: Unter den visualisierten Formen sind viele, die ästhetischen Reiz ausüben: was statt der üblichen Abneigung eine positive Anmutung zu den Bildern und was dahintersteckt auslöst. Was über die Visualisierung von Mathematik zu sagen ist, gilt genauso für alle anderen Naturwissenschaften – selbst für Quantenphysik und Molekularchemie. Welch spannende Aufgabe, alles das mit den modernen Medien in bewegte Bilder umzusetzen!

Auf dieser Linie könnte ein Dutzend weiterer Beispiele folgen, doch müssen ein paar Stichworte genügen. Jeder, der an der vorderen Front neuer Bildmedien steht, wird leicht einsehen, dass alle erwähnten Fälle mit dem Problem der Visualisierung von Wissen zusammenhängen und es Ausdrucks- und Darstellungsprobleme zu lösen gilt: Forschung – visuelle Simulation, Publikationen mit Bildern und Bildsprachen, Unterricht ebenso, Popularisierung – Infotainment, Erlebnisräume – Cyberspace, Spiele ebenso, Medizin – Diagnose und Patientengespräch, Science Fiction mit der Betonung auf Science, Science-Art-Präsentationen …

Mit umständlichen schriftlichen Mitteln, auf eine vorgegebene Zahl von Buchstaben reduziert, musste ich mich mit Andeutungen begnügen. Weiter in die Zukunft hineinzudenken sei empfohlen. Wie steht es um das Lernen in automatisierten Schulen, mit Mitteln der Künstlichen Intelligenz, mit Robotern als Lehrer, mit der Einspielung von Information ins Gehirn …? ‹

Weitere Links:
www.zi.biologie.uni-muenchen.de/~franke

Danksagung

Danksagung

VON **PETER KLINGENBURG**
UND **DR. JENS NEBENDAHL**

Das Bücherschreiben ist oft genug eine einsame Angelegenheit, nicht so in diesem Fall. Wir als Herausgeber bedanken uns bei allen Mitwirkenden und insbesondere bei allen Autoren für ihre kompetente Mitwirkung bei der Ausgestaltung dieser außergewöhnlichen Publikation. Namentlich sei v.a. den Autoren gedankt, die dem Facettenreichtum des Themas Webolution mit ihren persönlichen Ansichten mehr als gerecht geworden sind: Markus Albers, Prof. Dr. Kurt Biedenkopf, Prof. Dr. Hans-Jörg Bullinger, Michael Fertik, Prof. Dr. Herbert W. Franke, Prof. Dr. Oliver Gassmann, Simone Happ, Dion Hinchcliffe, Dr. Klaus Holthausen, Wolfgang Hünnekens, Dr. Hagen Hultzsch, Prof. Dr. Leonard Kleinrock, Ray Kurzweil, Dr. Klaus Nicolai, Prof. Dr. Joachim Niemeier, Dr. Martin Oetting, Prof. Dr. Frank Piller, Prof. Dr. Prof. Dr. Ralf Reichwald, Prof. Dr. Dr. Thomas Schildhauer, Prof. Dr. Alexander Schill, Dr. Frank Schönefeld, Prof. Clay Shirky, Prof. Peter Friedrich Stephan, Roy Uhlmann, Prof. Dr. Wolfgang Wahlster und Frank Wolf.

Begleitet in den vielen Schaffensstadien wurde die Publikation fachkompetent von unserem Kollegen in der Geschäftsleitung und Enterprise 2.0-Buchautor Dr. Frank Schönefeld. Christine Rogge hat als Marketingleiterin zu jeder Zeit versiert die Gesamtorchestrierung vorgenommen und nie den Mut oder den Blick für das Wesentliche verloren. Viele weitere Mitarbeiter der T-Systems Multimedia Solutions – besonders sind Kathrin Horn und Thomas Köplin zu nennen – haben mit Energie, Engagement und eigenen Ideen maßgeblich zum Gelingen dieses Buchprojektes beigetragen – Ihnen allen sei unser herzlichster Dank ausgesprochen! Ohne Sie alle wäre „Webolution" nicht möglich gewesen.

Mit unserer ersten Idee eines Buches haben wir uns vertrauensvoll an das Institute of Electronic Business gewandt – zum Glück und zu Recht, wie sich herausstellte. Maja-Florence Loose aus der Geschäftsleitung des Institutes hat mit großem Engagement und Sachverstand aus den vielen Einzelfragmenten eine Gesamtkonzeption erstellt, die Inhalte erarbeitet und mit ihrer charmanten sowie eloquenten Gesamtprojektleitung die Realisierung gesichert. Für ihren Einsatz möchten wir persönlich uns ganz besonders bedanken - das Ergebnis spricht für sich! Nicht unerwähnt lassen möchten wir auch Anika Brockob und die weiteren Akteure aus dem IEB-Kontext, die alle kleinen und großen Projektschritte erarbeitet und begleitet haben. Ein großer Dank allen (IEB-)Helfern!

Auch noch so herausragende Inhalte und spannende Texte bedürfen einer adäquaten Gestaltung, um optimal zur Geltung zu kommen. Aus diesem Grunde haben wir uns in die erfahrenen Hände der kreativen Design-Agentur Studio GOOD aus Berlin begeben. Zahlreiche Shootings, Telefonkonferenzen, Anmutungsdiskussionen und Kreativ-Workshops später konnten wir begeistert das Ergebnis in den Händen halten – eine außergewöhnlich gestaltete Webolution-Publikation, die ganz themenaffin den optischen Genuss mit einer haptischen Erfahrung der besonderen Art verbindet. Danke für den Mut und das (Kunst-)Verständnis!

Nicht zuletzt möchten wir unseren Dank dem Verlag BusinessVillage mit seinem Geschäftsführer Christian Hoffmann aussprechen, der von Anfang an an das Buch geglaubt – und es schließlich verlegt hat.

Auch allen weiteren Wegbegleitern, Helfern und Fürsprechern möchten wir danken – neben der Unterstützung für das Buchprojekt „Webolution" natürlich auch für die vergangenen 15 Jahre (mit) der T-Systems Multimedia Solutions, deren Jubiläum Anlass und Inspiration war.

Dresden, Mai 2010

Autorenverzeichnis

Markus Albers

Markus Albers lebt als freier Journalist und Sachbuchautor in Berlin. Er schreibt für Monocle, Brand Eins, Die Zeit, GQ und AD. Seine Arbeiten wurden auch in Vanity Fair, Spiegel, Stern, SZ-Magazin und der Welt am Sonntag veröffentlicht. Außerdem entwickelt er neue Print- und Online-Formate für Verlage und Agenturen. Sein erstes Sachbuch „Morgen komm ich später rein" ist 2008 erschienen, Anfang 2010 folgte „Meconomy". Beide beschäftigen sich mit der Frage, wie mobiles Arbeiten und digitale Ökonomie die Gesellschaft und das Leben des Einzelnen verändern.

Prof. Dr. Kurt Biedenkopf

Prof. Dr. jur. Kurt Biedenkopf wurde am 28. Januar 1930 in Ludwigshafen (Rhein) geboren.
Nach Abitur und Studium der Rechtswissenschaft und Volkswirtschaftslehre in den USA sowie in München und Frankfurt mit Promotion und Habilitation wurde er 1964 als Ordinarius für Handels-, Wirtschafts- und Arbeitsrecht an die Ruhr-Universität Bochum berufen.
Im Herbst 1970 wechselte Kurt Biedenkopf als Mitglied der zentralen Geschäftsführung des Düsseldorfer Chemiekonzerns Henkel in die Wirtschaft.
Im Frühjahr 1973 wurde er zum Generalsekretär der CDU gewählt. 1976 wurde Kurt Biedenkopf erstmals in den Deutschen Bundestag gewählt. Dort übernahm er das Amt des wirtschaftspolitischen Sprechers der CDU/CSU-Fraktion. Nach dem Fall der Berliner Mauer am 9. November 1989 engagierte sich Kurt Biedenkopf im Prozess der Wiedervereinigung Deutschlands.
Im Januar 1990 wurde er von der damaligen Karl-Marx-Universität in Leipzig auf eine Gastprofessur für Wirtschaftspolitik berufen.
Der Sächsische Landtag wählte Kurt Biedenkopf im Oktober 1990 zum ersten Ministerpräsidenten des Freistaates. Fast zwölf Jahre lang, bis zum 17. April 2002, diente er Sachsen in diesem Amt.
Seit 2003 ist er als Vorsitzender des Kuratoriums der Hertie School of Governance am Aufbau dieser ersten deutschen Professional School for Public Policy in Berlin engagiert. Außerdem ist er Gründungspräsident und inzwischen Ehrenpräsident der Dresden International University.

Prof. Dr. Hans-Jörg Bullinger

1980 Professur für Arbeitswissenschaft/Ergonomie an der Fern-Universität Hagen; 1982 Professur für Arbeitswissenschaft an der Universität Stuttgart; 1981 bis 2002 Leitung des Fraunhofer-Instituts für Arbeitswirtschaft und Organisation IAO in Stuttgart; 1991 bis 2002 Leitung des Instituts für Arbeitswissenschaft und Technologiemanagement (IAT) der Universität Stuttgart; Univ.-Prof. Dr.-Ing. habil. Prof. E. h. mult. Dr. h.c. mult. Hans-Jörg Bullinger erhielt zahlreiche Auszeichnungen (u.a. Bundesverdienstkreuz) und Ehrentitel; seit Oktober 2002 Präsident der Fraunhofer-Gesellschaft.
Die Fraunhofer-Gesellschaft betreibt in Deutschland derzeit mehr als 80 Forschungseinrichtungen, davon 59 Institute, und beschäftigt ca. 17.000 Mitarbeiterinnen und Mitarbeiter, überwiegend mit natur- oder ingenieurswissenschaftlicher Ausbildung. Mit ihrer klaren Ausrichtung auf die angewandte Forschung und ihre Fokussierung auf zukunftsrelevante Schlüsseltechnologien spielt die Fraunhofer-Gesellschaft eine zentrale Rolle im Innovationsprozess Deutschlands und Europas.

MICHAEL FERTIK

PROF. DR. HERBERT W. FRANKE

Michael Fertik is a repeat Internet entrepreneur and CEO with experience in technology and law. He founded ReputationDefender in 2006 with the belief that citizens have the right to control and protect their online reputation. ReputationDefender is headquartered in Silicon Valley and has customers in over 40 countries. In his capacity as CEO and position on the advisory board of The Internet Keepsafe Coalition (iKeepSafe), a non-profit organisation that works to protect the health and safety of youth online, Fertik is regarded as the pioneer of online reputation management and the foremost expert on issues of online privacy. He has been interviewed by media such as CBS Evening News with Katie Couric, 20/20, CNN and ABC News and has appeared in Newsweek, The Wall Street Journal, The New York Times and Forbes, among others. Fertik speaks several languages and enjoys sailing, reading and running. He is a graduate of Harvard College and Harvard Law School.

Herbert W. Franke, geb. 1927 in Wien, studierte Physik, Mathematik, Chemie, Psychologie und Philosophie an der Universität und der damaligen Technischen Hochschule Wien. Eines seiner Spezialthemen sind die Zusammenhänge zwischen Wissenschaft, Technik und Kunst. Er begann mit künstlerischen Experimenten, nutzte Geräte wie Oszillografen, um elektronische Kunstwerke zu erzeugen, und gilt als Pionier der Computerkunst.
Von 1973 bis 1998 war Franke Lehrbeauftragter für Kybernetische Kunsttheorie und Computergrafik-Computerkunst an der Universität und an der Akademie für Bildende Künste in München. Anfang der 70er-Jahre wurde er zum Mitglied des Wiener Künstlerhauses gewählt und war 1979 Mitbegründer der ars electronica, Linz.
Im Jahr 2008 wurde er als Senior Fellow des Berliner Zuse-Instituts benannt und arbeitet derzeit an der Entwicklung einer virtuellen Internet-Welt zum Thema Mathematik/Kunst.

prof. dr. oliver gassmann

Prof. Dr. Oliver Gassmann ist Professor für Technologie- und Innovationsmanagement an der Universität St. Gallen und Vorsitzender der Direktion des dortigen Instituts für Technologiemanagement.
Er ist Präsident der HSG Forschungskommission und Hauptreferent in mehreren Executive MBA-Programmen, Mitglied in mehreren wirtschaftlichen und akademischen Boards, Autor und Herausgeber von 12 Büchern und über 200 internationalen Fachbeiträgen zum Technologie- und Innovationsmanagement. Er berät zahlreiche multinationale Unternehmen. Bis 2002 leitete er die Forschung und Vorentwicklung bei Schindler. Seine Forschung beschäftigt sich mit Erfolgsfaktoren für Innovation, insbesondere mit Open Innovation und globalen Innovationsprozessen. 1998 erhielt er in Manchester den RADMA-Preis; 2009 wurde er von der amerikanischen IAMOT in Orlando unter die Top 50 Forschenden weltweit gewählt.

frank wolf

Frank Wolf ist Leiter des Bereiches Social and Collaboration Solutions bei der T-Systems Multimedia Solutions. Er hat sich auf die Anwendung von Web 2.0 Technologien im Unternehmensumfeld spezialisiert und ist verantwortlicher Autor des besser20 Blogs. Zuvor war er als Manager bei Accenture im Bereich eBusiness- und Prozessberatung tätig. Frank Wolf studierte Wirtschaftsingenieurwesen an der Technischen Universität Dresden.

simone happ

Simone Happ ist Business Consultant in der T-Systems Multimedia Solutions GmbH und seit über 10 Jahren im Business Development für Web-Geschäftsmodelle, eLearning, eMarketing und neue Medien aktiv. Sie studierte Wirtschaftsinformatik an der TU Dresden und an der European University in Swansea.

DION HINCHCLIFFE

Dion Hinchcliffe is an internationally recognized business strategist and enterprise architect who has worked for over twenty years bringing innovative solutions to clients in the Global 2000, federal government and Internet startup community. He is a frequent keynote speaker around the world on emerging technology and next-generation enterprises and, as president and CTO of Hinchcliffe & Company, he is a well-known author, blogger and consultant on Web 2.0, Enterprise 2.0, SOA, and digital business models. He recently co-authored Web 2.0 Architectures from O'Reilly Media and founded and operates the popular Web 2.0 University, the world's leading strategic education solution for Web 2.0 and next-generation SOA. Dion can be reached at dion@hinchcliffeandco.com and on Twitter at http://twitter.com/dhinchcliffe.

DR. KLAUS HOLTHAUSEN

Der Neurowissenschaftler Dr. Klaus Holthausen arbeitete nach seinem Physikstudium in Bonn zunächst als Berater für Andersen Consulting. Nachfolgend widmete er sich seiner wissenschaftlichen Tätigkeit und leitete drei Forschungsgruppen im Bereich der Neurowissenschaften unter anderem am Ernst-Haeckel-Haus der Friedrich-Schiller-Universität Jena und in Zusammenarbeit mit den Universitäten Bonn, Münster und Bochum. Dr. Klaus Holthausen hat in den darauf folgenden Jahren als Unternehmer zahlreiche Projekte betreut, darunter die Suchmaschine für das Landesintranet Niedersachsen, die Archivsuche für die F.A.Z. sowie ein Data Warehouse für die BASF AG. Zu den Auszeichnungen von Dr. Klaus Holthausen gehört der European AIIM Award of Innovation (2002).

Dr. Hagen Hultzsch

Dr. Hultzsch, Jahrgang 1940, ist nach mehr als 40 Jahren Erfahrung in der Informationstechnik Vorsitzender bzw. Mitglied der Aufsichtsräte bzw. Boards mehrerer Unternehmen in Deutschland, Israel und den USA sowie von Aufsichtsorganen akademischer Institutionen. Bis Mitte 2001 war er Mitglied des Vorstand der Deutschen Telekom AG und dort unter anderen bis Ende 2001 Vorsitzender des Aufsichtsrats der T-Venture Holding. Er hat wesentlich zur Bildung von T-Systems beigetragen. Seine beruflichen Stationen begannen als Wissenschaftlicher Assistent und später Assistenzprofessor mit dem Lehrauftrag Informationstechnik für Experimentalphysik an der Universität Mainz, wo er 1970 in Physik promovierte. Nach einem Forschungsaufenthalt am IBM Thomas J. Watson Research Center war er ab 1977 Leiter des Rechenzentrums der Gesellschaft für Schwerionenforschung in Darmstadt und ab 1985 Direktor der Technischen Service Gruppe von EDS in Deutschland. 1988 bis 1993 war er Bereichsleiter für Führungsorganisation und Informationssysteme der Volkswagen AG (CIO).

Dr. Hultzsch ist jetzt Mitglied bzw. Vorsitzender von Aufsichtsräten bzw. Aufsichtsorganen von T-Systems Solutions for Research, Radware Ltd., den Universitätskliniken Bonn und Dresden sowie anderen Institutionen. Er arbeitet bzw. arbeitete ebenfalls in einer Reihe nationaler bzw. internationaler Gremien mit, zu denen u.a. TranSwitch Inc., SCM-Microsystems Inc., die Hochschulräte der Universitäten Frankfurt und Dresden, VW-Gedas, DFN, DFG, EARN, Share Europe, BDI, FZJ, Münchener Kreis, Bundesvereinigung Logistik, FGF, EFQM gehören.

Wolfgang Hünnekens

Wolfgang Hünnekens ist Ideengeber, Mitbegründer des vor 10 Jahren gegründeten Institutes of Electronic Business (IEB) sowie ehemals Mitinhaber der Kommunikationsagentur Publicis Berlin. Seit dem Sommersemester 2008 ist Wolfgang Hünnekens Gastprofessor für Digitale Kommunikation im Studiengang „Leadership für digitale Kommunikation". Der gebürtige Düsseldorfer ist Vorsitzender des Berliner IHK-Ausschusses „Creative Industries" (ehem. „Kommunikation und Medien"). Der Vater von zwei Töchtern ist außerdem Autor des Buches „Die Ich-Sender – Das Social Media-Prinzip – Twitter, Facebook & Communitys erfolgreich einsetzen".

Prof. Dr. Leonard Kleinrock

Dr. Kleinrock is considered a father of the Internet, having laid down the basic principles of packet switching a decade before his Host computer at UCLA became the first node ever to connect to the Internet in September 1969. Dr. Kleinrock received his Ph.D. from MIT in 1963, serves as a Professor of Computer Science at the University of California, Los Angeles (UCLA) and as a Nomadix founder. He has published over 225 papers and authored six books on a wide array of subjects including packet switching networks, packet radio networks, local area networks, broadband networks, gigabit networks and nomadic computing. Dr. Kleinrock is an UCLA principal investigator for DARPA, where he is at the forefront of efforts to create infrastructures necessary to enable nomadic computing. Furthermore, he is a member of the National Academy of Engineering, an IEEE fellow, an ACM fellow and a founding member of the Computer Science and Telecommunications Board of the National Research Council. Among his many honours, he has received the Draper Prize from the National Academy of Engineering, the engineering profession's most prestigious prize.

peter klingenburg

Ausbildung zum Datenverarbeitungskaufmann bei der Nixdorf Computer AG;
Studium der Wirtschaftsinformatik an der European Business School;
Anwendungsentwickler und Projektleiter bei Bertelsmann Media Systems;
Leiter Produktentwicklung bei der Lycos Bertelsmann GmbH & Co. KG;
Leiter Value Added Online Services bei der Deutschen Telekom AG, Telekom Multimedia Systemhaus, in Bonn;
Mitgründer und Vorstand für Technologiea und Produktentwicklung bei optimad media systems Ltd. in London und Düsseldorf;
Leiter E-Business bei T-Com;
Geschäftsführer der T-Systems Multimedia Solutions GmbH seit 2006 und hier verantwortlich für die Bereiche Markt und Kunde

Ray Kurzweil

Ray Kurzweil has been described as "the restless genius" by the Wall Street Journal. Inc. magazine ranked him #8 among entrepreneurs in the U.S., calling him the "rightful heir to Thomas Edison," and PBS included Ray as one of 16 "revolutionaries who made America,".

As one of the leading inventors of our time, Ray was the principal developer of the first CCD flat-bed scanner, the first omni-font optical character recognition, the first print-to-speech reading machine for the blind, the first text-to-speech synthesizer, the first music synthesizer capable of recreating the grand piano and other orchestral instruments, as well as the first commercially marketed large-vocabulary speech recognition.

Among Ray's many honours, he is the recipient of the MIT-Lemelson Prize, the world's largest for innovation. In 1999, he received the National Medal of Technology, the nation's highest honour in technology, from President Clinton. And in 2002, he was inducted into the National Inventor's Hall of Fame, established by the US Patent Office. He has received nineteen honorary Doctorates. Ray has written six books, four of which have been national best sellers.

Dr. Jens Nebendahl

Dr. Jens Nebendahl ist Geschäftsführer der T-Systems Multimedia Solutions GmbH, Deutschlands Marktführer für innovative Web-Dienstleistungen im Digitalen Lebens- und Geschäftsraum. Schwerpunktmäßig vertritt er die Bereiche Human Resources, Finance und Controlling. Seit 2005 war er der T-Systems Multimedia Solutions GmbH zunächst als Aufsichtsrat verbunden, bevor er im Jahr 2007 in die Geschäftsführung eintrat. Vorausgegangen sind verschiedene Leitungsfunktionen im Konzern Deutsche Telekom sowie in der Mummert + Partner Unternehmensberatung AG. Seine berufliche Laufbahn begann er im Jahr 1992 bei der debis AG. Das Studium der Betriebswirtschaftslehre absolvierte er an der CAU Kiel, der TU Berlin und der Universität Bern, Schweiz. Anschließend promovierte er an der TU Berlin. Jens Nebendahl ist Träger des Silbernen Lorbeerblattes.

Dr. Klaus Nicolai

Von 1977 bis 1982 Studium der Kulturwissenschaft, Promotion 1985, und von 1982 bis 1987 Dozent an der Karl-Marx-Universität Leipzig; von 1987 bis 1992 Dozent (Kulturtheorie/Ästhetik) an der Hochschule für Bildende Künste Dresden; von 1992 bis 1995 freischaffender Projektentwickler unter anderem an der Stiftung Bauhaus Dessau; von 1995 bis 2005 Referent für Medienkultur beim Kulturamt der Landeshauptstadt Drmeyeresden; 1997 bis 2005 Mitbegründer und Leiter des Internationalen Festivals für computergestützte Kunst CYNETart; seit 2001 Mitbegründer und Sprecher des Vorstandes der Trans-Media-Akademie Hellerau e.V. (TMA); seit 2001 Leitung der Projektentwicklung interaktiver und vernetzter virtueller Environments an der TMA; von 2005 bis 2009 Gründer und künstlerischer Leiter des Licht-Klang-Festivals transNATURALE; 2006 bis 2008 Gründer und Leiter des Dresdner Innovationsfonds für Kunst und Medientechnologie (DIF) und des Labors für virtuelle Environments; seit 2006 Entwickler und Initiator der Internetplattform Virtuelles Parlament und seit 2009 frei schaffender Projektentwickler, Autor und Dozent unter anderem an der Dresden International University.

Prof. Dr. Joachim Niemeier

Joachim Niemeier studierte an der Universität Stuttgart Betriebswirtschaftslehre und Informatik. Nach seinem Studium war er Wissenschaftlicher Mitarbeiter am Lehrstuhl für Organisation und Innovationsforschung am Betriebswirtschaftlichen Institut der Universität Stuttgart. Er promovierte zu einem Thema aus dem Bereich der strategischen Unternehmensführung. Im Jahr 1985 wechselte er zum Fraunhofer-Institut für Arbeitswirtschaft und Organisation (IAO). Dort war er zunächst als Projektleiter für europaweite IT-Forschungsprojekte zuständig und leitete zuletzt den Bereich Unternehmensführung. Von 1995 bis 2005 war er Geschäftsführer der T-Systems Multimedia Solutions GmbH. Heute arbeitet er als Unternehmensberater mit den fachlichen Schwerpunkten Unternehmensführung, Business Excellence, Enterprise 2.0, Change- und Innovationsmanagement. Er ist Honorarprofessor an der Universität Stuttgart und Mitglied im Beirat bzw. Aufsichtsrat mehrer Unternehmen.

Dr. Martin Oetting

Dr. Martin Oetting ist Leiter für Forschung und internationale Kooperationen bei der Münchner trnd AG (http://www.trnd.ag/). Das Unternehmen ist der erste und einzige reine Word-of-Mouth-Marketing-Anbieter in Deutschland und organisiert über eigene Online-Plattformen Mundpropaganda-Marketing für Konzerne wie Procter & Gamble oder L'Oréal. Seine Doktorarbeit über virale Effekte und Mundpropaganda ist unter dem Titel „Ripple Effect" bei Gabler erschienen. Martin Oetting hält regelmäßig Vorträge im In- und Ausland und betreibt das größte deutsche Word-of-Mouth-/Viral-Marketingblog unter dem Namen ConnectedMarketing.

Prof. Dr. Frank Piller

Prof. Dr. Frank Piller leitet die Forschungsgruppe Technologie- und Innovationsmanagement an der Fakultät für Wirtschaftswissenschaften der RWTH Aachen. Er ist außerdem Co-Director der Smart Customization Group am MIT, USA. Seine Forschungsinteressen liegen im Bereich Open Innovation, dem Management diskontinuierlicher Innovation und der Gestaltung kundenzentrierter Wertschöpfungsstrategien. Aktuell leitet er eine Vielzahl großer Forschungskonsortien in den Themenfeldern Mass Customization, Open Innovation Readiness, Crowdsourcing technischer Lösungsinformation und Ideenwettbewerbe mit Kunden. Als Investor, Aufsichtsrat bzw. wissenschaftlicher Beirat bringt er seine Forschungsergebnisse in die Praxis in Unternehmen wie HYVE, corpus-e, Dialego oder Selve [tim.rwth-aachen.de].

Prof. Dr. Prof. Dr. Ralf Reichwald

Prof. Dr. Prof. h.c. Dr. h.c. Ralf Reichwald lehrt Betriebswirtschaftslehre an der Fakultät für Wirtschaftswissenschaften und ist Emeritus am Lehrstuhl für Betriebswirtschaftslehre – Information, Organisation und Management (IOM) an der Technischen Universität München. Weiterhin ist er akademischer Direktor des Center for Leading Innovation & Cooperation (CLIC) an der Handelshochschule Leipzig (HHL) und Professeur honoris causa der Université de Tunis El Manar, Ecole Nationale d'Ingénieurs de Tunis ENIT. Seine Hauptarbeitsgebiete sind Führung und Organisation, Informations- und Kommunikationswirtschaft sowie Dienstleistungsmanagement [www.prof-reichwald.org].

Prof. Dr. Dr. Thomas Schildhauer

Prof. Schildhauer studierte Informatik und promovierte im Bereich Wirtschaftsinformatik und Public Health. Nach leitenden Tätigkeiten für verschiedene Wirtschaftsunternehmen widmete er sich zunehmend der Lehre. Seit 2000 ist er als Dozent an der Universität St. Gallen tätig, aktuell im Master Information and Management Technology. Als Universitätsprofessor wurde er im März 2002 an die Universität der Künste, Berlin, auf den Lehrstuhl Electronic Business mit Schwerpunkt Marketing berufen. Prof. Dr. Dr. Schildhauer ist Gründer und Wissenschaftlicher Direktor des Institute of Electronic Business e. V. Seit Mai 2007 ist er außerdem Geschäftsführender Direktor des Zentralinstituts für Weiterbildung der Universität der Künste Berlin (ZIW).

Prof. Dr. Alexander Schill

Herr Prof. Dr. Alexander Schill ist Professor für Rechnernetze an der Technischen Universität Dresden. Seine Arbeitsschwerpunkte sind verteilte Systeme und Service-orientierte Architekturen, Multimedia-Kommunikation und Telekonferenzsysteme sowie Mobile und Ubiquitous Computing. Seine Forschungsprojekte werden in enger Kooperation mit der Industrie durchgeführt. Zwischen Promotion und Habilitation an der Universität Karlsruhe arbeitete er am IBM Thomas J. Watson Research Center, Yorktown Heights, New York. Die Universidad Nacional de Asunción, Paraguay verlieh ihm die Ehrendoktorwürde. Herr Prof. Schill ist Autor bzw. Koautor zahlreicher Publikationen und Fachbücher zum Bereich der Rechnernetze und verteilten Systeme.

DR. Frank Schönefeld

Studium der Informatik an der Technischen Universität Dresden und Promotion im Jahr 1989;
Seither verschiedene Lehraufträge an Universitäten und Hochschulen;
Senior Engineer Software (Datenbankentwicklung) bei der Digital Equipment Corporation mit den inhaltlichen Schwerpunkten Modellierung von Produktdaten sowie spezielle Algorithmen relationaler Datenbanken;
Leiter des Bereiches Softwareentwicklung der Siemens Nixdorf Advanced Technologies GmbH für biometrische Gesichtserkennung, im Rahmen dieser Tätigkeit Auszeichnung mit dem Siemens-Innovationspreis;
Leiter Business Unit Tele-Applications & Services der T-Systems Multimedia Solutions GmbH;
Mitglied der Geschäftsleitung (Prokurist) der T-Systems Multimedia Solutions GmbH seit 2003, heute verantwortlich für Technologieentwicklung und Innovation;
Engagement für Business Excellence auf europäischer Ebene und Stärkung der Softwareindustrie auf regionaler Ebene durch Gründung und Leitung des IT-Netzwerks Software-Saxony

Prof. Clay Shirky

Mr. Shirky divides his time between consulting, teaching and writing on the social and economic effects of Internet technologies. His consulting practice is focused on the rise of decentralised technologies. Additionally, he is an adjunct professor in NYU's graduate Interactive Telecommunications Programme, where he teaches courses on the interrelated effects of social and technological network topology.
He has written extensively about the Internet since 1996. Over the years, he has had regular columns in magazines like Business 2.0, and his writings have appeared, e.g. in the New York Times. Mr. Shirky frequently speaks on emerging technologies at a variety of forums and organisations, including the Internet Society, the Department of Defense, the BBC and several O'Reilly conferences on, e.g. Open Source.
He was the original Professor of New Media at Hunter College, where he created the Media Studies department's first undergraduate and graduate offerings in new media.
Before there was a Web, he was VP of the NY chapter of the EFF, and wrote technology guides for Ziff-Davis, including a guide to the culture of the Internet.

© Krystian Kolbe

prof. peter friedrich stephan

Studium von Musik, Design, Wirtschafts- und Gesellschaftskommunikation sowie Marketing in Berlin, Hamburg und New York. Professor an der Kunsthochschule für Medien Köln und Gastdozent im Masterprogramm „Leadership in digitaler Kommunikation" an der Universität der Künste Berlin und der Universität St. Gallen/Schweiz.
Projekte im Bereich DesignThinking, Cognitive Design und Creative Business Design mit Anwendungen in der internen und externen Unternehmenskommunikation sowie Innovationen in der Produkt- und Service-Entwicklung. Forschung zu Intelligenten Objekten und Ambient Intelligence. Aktuelles und Publikationen unter www.peterstephan.org.

roy uhlmann

Roy Uhlmann studierte Rechtswissenschaften an der Universität Konstanz und Business Administration an der Jiao Tong Universität Shanghai. Entgegen seines rechtswissenschaftlichen Hintergrundes widmete sich Roy Uhlmann schon früh der Konzeptionierung künftiger Prozesse und Geschäftsmodelle mittels innovativer Technologien. Er ist Mitinhaber der Dr. Holthausen GmbH, eines Anbieters semantischer Technologien und Bilderkennungsverfahren, und berät Content- und eCommerce-Portale bei der Umsetzung semantischer Konzepte. Neben dieser Tätigkeit berät er Unternehmen im Innovations- und Ideenmanagement. Darüber hinaus publiziert er über künftige Veränderungen des World Wide Webs und die sich daraus ergebenden Prozesse und Geschäftsmodelle.

prof. dr. dr. wolfgang wahlster

Professor Dr. Dr. h.c. mult. Wolfgang Wahlster hat einen Lehrstuhl für Informatik an der Universität des Saarlandes inne und leitet seit 1988 mit dem Deutschen Forschungszentrum für Künstliche Intelligenz (DFKI) in Saarbrücken, Kaiserslautern, Bremen und Berlin weltweit die größte Forschungseinrichtung auf diesem Gebiet, aus der bereits über 60 Firmengründungen hervorgingen. Er ist Mitglied der Forschungsunion der Bundesregierung und dort für das Innovationsfeld der Informations- und Kommunikationstechnologien zuständig. Seine Forschungen wurden vielfach ausgezeichnet, u.a. mit dem Zukunftspreis des Bundespräsidenten, dem höchsten deutschen Wissenschaftspreis. Er ist als einziger deutscher Informatiker Mitglied der Nobelpreis-Akademie in Stockholm. Ehrenamtlich wirkt er als Sprecher des Feldafinger Kreises für die Forschung zur Internetgesellschaft und ist Vorsitzender des wissenschaftlichen Beirates der Deutschen Telekom Laboratories und des Technologie- und Innovationsrates in Berlin.

Quellen- und Bildverzeichnis

Seite 32–37

Die Gestaltung künftiger Wissensräume
Eine Aufgabe des Cognitive Design

Quellen:
1 Teile dieses Textes erschienen in Stephan, Peter Friedrich 2009: Gestaltungsaufgaben für intelligente Objekte, in: Otthein Herzog, Thomas Schildhauer (Hrsg.): Intelligente Objekte, Technische Gestaltung – Wirtschaftliche Verwertung – Gesellschaftliche Wirkung, Berlin/Heidelberg: Springer (Reihe Deutsche Akademie der Technikwissenschaften – acatech diskutiert), S. 63–75
2 Carnap, Rudolf 1922: Der Raum. Ein Beitrag zur Wissenschaftslehre, Berlin: Reuther und Reichard (Reihe „Kant Studien", Ergänzungshefte im Auftrag der Kant-Gesellschaft, hrsg. von H. Vaihinger, M. Frischeisen-Köhler und A. Liebert, Nr. 56), zugleich Dissertation Universität Jena 1921
3 vgl. Nowotny, Helga; Scott, Peter; Gibbons, Michael 2001: Re-Thinking Science. Knowledge and the Public in an Age of Uncertainty, Cambridge: Polity
4 Flierl, Thomas; Parzinger, Hermann 2009: Humboldt-Forum Berlin: Das Projekt / The Project, Berlin: Theater der Zeit
5 Borck, Cornelius; Zeyns, Andrea 2009: Ambient Hybrary – Ambiente Informationssysteme in hybriden Bibliotheken, Antrag auf Förderung an die Deutsche Forschungsgemeinschaft im Programm „Virtuelle Forschungsumgebungen – Infrastruktur und Demonstrationsobjekte".

Seite 54–63

Unser Alltag im Internet –
Wenn Märkte (wider-)sprechen lernen

Quellen:
1 www.comscore.com
2 www.internetworldstats.com
3 http://news.yahoo.com/s/ap/20091218/ap_on_sp_ot/us_pepsi_super_bowl
4 googleblog.blogspot.com/2008/07/we-knew-web-was-big.html

Seite 84–89

Open Innovation:
Hebelwirkung in einer flachen Welt erzielen

Literatur:
Chesbrough, H. (2003): Open Innovation, HBS: Boston

Gassmann, O. (2006): Opening up the innovation process: towards an agenda, in: R&D Management, Vol. 36, 2006, No. 3, 223-226

Gassmann, O.; Sutter, P. (Hrsg., 2008): Praxiswissen Innovationsmanagement. Von der Idee zum Markterfolg, Hanser: München, Wien

R&D Management (2006): Special Issue on Open Innovation, edited by Gassmann

Management Science (2006): Special Issue on Open Source, edited by von Hippel, von Krogh

R&D Management (2009, 2010): Special Issues on Open Innovation and Open R&D, edited by Chesbrough, Enkel, Gassmann

International Journal of Technology Management (2010): Special Issue on Open Innovation, edited by Gassmann, Vanhaverbeke, VanVrende

Seite 90–97

Customer Co-Creation:
Interaktive Wertschöpfung zwischen Unternehmen und Kunden

Quellen:
1 Der vorliegende Beitrag ist eine adaptierte Auskopplung aus dem Buch „Interaktive Wertschöpfung" (2. Auflage; Gabler Verlag, 2009; Download auf open-innovation.de).
2 Der Name OSCar steht für ein ambitioniertes Projekt, in dem die Entwicklung eines Autos nach Open-Source-Prinzipien ablaufen soll (www.theoscarproject.org). Statt der bei Automobilherstellern üblichen strengen Geheimhaltung sind hier die Ideen, Designs und Entwicklungspläne öffentliches Gut. In der Neuauflage des zuerst im Jahre 2000 gestarteten Projekt debattieren motivierte Freiwillige, kreative Tüftler und Bastler, Laien sowie engagierte Spezialisten in verschiedenen Foren unter anderem über Vorschläge für Design, Antrieb, Technik, Elektronik und Sicherheit des OSCar.

Seite 98-103

Lang lebe das Enterprise 2.0: Ein Rezept gegen die sinkende Lebenserwartung von Unternehmen

Quellen:
1 http://themen.t-online.de/news/lebenserwartung
2 Immer unterstellt, dass es in 50 Jahren noch Firmen gibt. Firmengeschichte wird erst seit etwa 500-700 Jahren geschrieben.
3 http://www.businessweek.com/chapter/degeus.htm
4 http://www.4-deal.de/know-how/fachbeitraege/01026-080408-78-rueegg-unternehmensbewertung-fuer-kmu.pdf
5 C. R. Carlson & W. W. Wilmot: Innovation. The five disciplines for creating what customers want. (P. 34)
6 Basierend auf einer Fallstudie der Royal Dutch Shell von 27 langlebigen, großen Unternehmen.
7 Unilever (80 Jahre) sah sich als eine Kollektion von voneinander unabhängigen Schiffen, wobei die gesamte Flotte stärker als die Summe der Einzelschiffe ist.
8 Siehe Frank Schönefeld: Praxisleitfaden Enterprise 2.0. Hanser 2009.

Seite 114-119

Internet der Dienste – Vision und Herausforderung

Quellen:
1 Nicolai Josuttis: SOA in der Praxis: System-Design für verteilte Geschäftsprozesse; dpunkt-Verlag, 2008
2 Ingo Melzer: Service-orientierte Architekturen mit Web Services: Konzepte – Standards – Praxis; Spektrum Akademischer Verlag, 2008
3 W3C: WSDL, SOAP; www.w3c.org/TR/wsdl und www.w3c.org/TR/soap
4 W3C: OWL; www.w3.org/TR/owl-features
5 OASIS: UDDI, BPEL; www.oasis-open.org/specs
6 OSGi: www.osgi.org
7 THESEUS/TEXO-Projekt: theseus-programm.de/home
8 Homepage der Professur für Rechnernetze an der TU Dresden: www.rn.inf.tu-dresden.de

Seite 122-129

Intelligente Objekte – „Ambient Assisted Living", acatech-Projekt

Quellen:
1 Vgl. Weiser, M. 1991: 94-104.
2 Vgl. Burkhardt, J. et al. 2002.
3 Vgl. Herzog, O./ Schildhauer, T. 2009.
4 Statistisches Bundesamt 2006, S. 43.
5 Vgl. Heinze 1997.
6 Vgl. Herzog, O./ Schildhauer, T. 2009, S. 41.
7 Vgl. Hüttl / Milberg 2009, S. 33-39.

Literatur:
Burkhardt 2002
Burkhardt, J. et al.: Pervasive Computing – Technology and Architecture of Mobile Internet Applications. Pearson Education, Edinburgh 2002.

Heinze 1997
Heinze, R. G. et al.: Neue Wohnung auch im Alter – Folgerungen aus dem demographischen Wandel für Wohnungspolitik und Wohnungswirtschaft. Schader-Stiftung. Darmstadt 1997.

Herzog / Schildhauer 2009
Herzog, O.; Schildhauer, T. (Hrsg.): Intelligente Objekte - Technische Gestaltung, Wirtschaftliche Verwertung – Gesellschaftliche Wirkung, Springer-Verlag Berlin Heidelberg 2009.

Hüttl / Milberg 2009
Hüttl, R. F.; Milberg, J. (Hrsg.): Intelligente Objekte -klein, vernetzt, sensitiv. Springer-Verlag Berlin Heidelberg 2009.

Statistisches Bundesamt 2006
Statistisches Bundesamt, Wiesbaden: koordinierte Bevölkerungs-Vorausberechnung, 2006, 18 (https://www-ec.destatis.de)

Weiser 1991
Weiser, M.: The Computer for the 21st Century. In: Scientific America, 265 (3), 1991, S. 94-104.

Seite 142-145

A Vision for the Internet

Quellen:
1 Thomas Tugend, UCLA to be first station in nationwide computer network, UCLA Press Release, 3. July, 1969.
http://www.lk.cs.ucla.edu/LK/Bib/REPORT/press.html.

Illustrationen / Fakten
—

Seite 14/15
Quelle:
http://de.wikipedia.org/wiki/
Hacker_(Computersicherheit)

Seite 22/23
Quelle:
frei nach einer Karikatur aus „The New Yorker", (Vol.69 (LXIX) no. 20)

Seite 34
Quelle:
frei nach einer Illustration von Christoph Illigens, http://www.illigens.biz

Seite 38/39
Quelle:
https://www.wiwi.uni-muenster.de/ifg/toplinks/ifgevents/oberseminar/muenster/sose00/material/OberseminarSchrift.pdf

Seite 49
Quelle:
Grafik nach Dion Hinchcliffe

Seite 64/65
Quelle:
http://www.cmenschel.de/
5-sekunden-usability-testing

Seite 82/83
Quelle:
http://www.ratgeberrecht.eu/
ebay-aktuell/ebay-wichtige-regeln.html

Seite 104/105
Quelle:
http://www.rfid-weblog.com/
50226711/chip_implants_offer_access_to_nightclub_in_barcelona.php

Seite 113
Quelle:
Zitat: Peter Figge / Kommunikationsfachmann

Seite 120/121
Quelle:
http://www.spiegel.de/netzwelt/
gadgets/0,1518,639661,00.html

Seite 130/131
Quelle:
http://mouchette.org/fly/flies.html

Seite 140/141
Quelle:
http://www.zeit.de/2001/28/
200128_stimmts_internet_xml

Bildverzeichnis

Seite 45
© Michelle Pedone / Corbis

Seite 54 (Marktplatz)
© Bettmann / Corbis

Seite 59
© T-Systems MMS „Enterprise 2.0 Knowledge Management" – Part 1: The Wikipedia Myth

Seite 70
© Studio GOOD, Berlin

Seite 76
© Pulp Photography / gettyimages

Seite 90
© Tiago do Vale / The OSCar-Project

Seite 93
© skinnyCorp ~ Threadless.com

Seite 98
Fotomontage mit Bildern von:
© Volker Hartmann / ddp images (Logo Karstadt)
© Berthold Stadler / ddp images (Logo Hertie)

Seite 110
© Andreas Köberle

Seite 114
© Heide Benser / Corbis

Seite 127
© Roc Canals Photography / gettyimages

Seite 136/138
© Fotos: Trans-Media-Akademie Hellerau

Seite 147
"SUPERMAN" # 7
© 1940 DC Comics. All Rights Reserved. Used with Permission.

Seite 166
© Jesper Damsgaard Lund / Courtesy of Vice Magazine

Verlagsempfehlungen

Stefan Berns, Dirk Henningsen
Der Twitter Faktor
Kommunikation auf den Punkt gebracht
2. Auflage, März 2010
ISBN 978-3-86980-000-4
24,80 Euro • 25,50 Euro [A] • 43,50 CHF
Art.-Nr. 811
www.BusinessVillage.de/bl/8111

Twitter – Kommunikation in Echtzeit!
Kaum ein anderes Medium im Web 2.0 liefert aktuell so schnell passgenaue Informationen und vernetzt Menschen wie Twitter. Ganz gleich, ob Sie Trends aufspüren wollen, interessante Geschäftspartner und Experten suchen oder Twitter für Ihre Selbstvermarktung nutzen – als Zwei-Wege-Kommunikations-Tool stehen Ihnen dank vieler Zusatzanwendungen bisher ungeahnte Möglichkeiten offen.
Die deutschen Twitter-Coaches Stefan Berns und Dirk Henningsen illustrieren in diesem Buch, wie Trainer, Berater, Einzelkämpfer und sogar Unternehmen dieses mächtige Kommunikationstool einsetzen können.

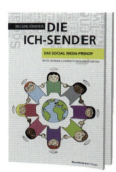

Wolfgang Hünnekens
Die Ich-Sender
Das Social Media-Prinzip – Twitter, Facebook & Communitys erfolgreich einsetzen
Oktober 2009
ISBN 978-3-86980-005-9
17,90 Euro • 18,50 Euro [A] • 29,90 CHF
Art.-Nr. 808
www.BusinessVillage.de/bl/808

Die Ich-Sender – sie twittern, bloggen und präsentieren einem Millionenpublikum Details aus ihrem Leben. Social Media sind für die Generation Upload so selbstverständlich wie die Luft zum Atmen – doch wie steht es um die Unternehmen? Die kommerzielle Nutzung von Facebook, Twitter, XING und Co. für gezieltes Marketing, Zielgruppenkommunikation oder PR ist für viele Unternehmen noch immer nicht Realität. Der Kommunikationsprofi Wolfgang Hünnekens zeigt in seinem neuen Buch, welche Möglichkeiten das Web 2.0 mit seinen Kommunikationsformen bietet. Den Kinderschuhen entwachsen entwickeln sich die Social Media zu einer ernsthaften, seriösen Kommunikationsform. Anhand vieler Beispiele zeigt dieses Buch, welche Potenziale diese neuen Medien bieten.

Thomas Kilian
Der Igel-Faktor
Erfolgreiche Neukunden-Gewinnung im Internet
2. Auflage, Februar 2010
ISBN 978-3-938358-86-3
24,80 Euro • 25,50 Euro [A] • 43,50 CHF
Art.-Nr. 768
www.BusinessVillage.de/bl/768

Erfolgreiche Neukunden-Gewinnung im Internet ist kein Märchen. Denn wie bei der Geschichte vom Hasen und vom Igel gelingt es manchen Unternehmen, sich auch mit geringem Budget professionell online zu positionieren. Thomas Kilian zeigt Ihnen in diesem Buch, wie Sie im „virtuellen Steckrübenfeld" gefunden werden, ohne dabei – wie der Hase – aus der Puste zu kommen. Denn nur mit pfiffigen Ideen und dem richtigen Gespür können Sie im Netz Geld verdienen. Ganz ohne graue Theorie vermittelt Ihnen dieses Buch, was Sie in der Praxis alles machen können, um auch online von Ihren Kunden gefunden zu werden. Locker und mitreißend geschrieben, hilft es Marketing-Fachleuten, Webmastern kleiner Unternehmen und klassischen Einzelkämpfern herauszufinden, wie die Akquise im WWW funktioniert.

Thomas Kaiser
Top-Platzierungen bei Google & Co.
Neukundengewinnung mit Suchmaschinenoptimierung und Google Adwords
Oktober 2009
ISBN 978-3-938358-49-8
21,80 Euro • 22,50 Euro [A] • 39,90 CHF
Art.-Nr. 810
www.BusinessVillage.de/bl/810

Nicht nur für große und mittelständische Unternehmen, sondern auch für kleine Firmen und Selbstständige sind die Suchmaschinen, insbesondere Google, ein wichtiges Instrument zur Neukundengewinnung. Aber nur, wer die Mechanismen der Suchmaschinen kennt und die eigene Website auf die Anforderungen der Suchmaschinen hin optimiert, wird sich optimal in den Suchergebnissen platzieren. Schritt für Schritt werden Sie mit Anzeigen bei Google AdWords, der Kunst der Suchmaschinenoptimierung, der Erfolgsmessung und der Optimierung der Maßnahmen vertraut gemacht. Der Suchmaschinenspezialist Thomas Kaiser führt Sie umfassend und anschaulich in die Funktionsweise der Suchmaschinen ein und zeigt Ihnen, welche Marketingmöglichkeiten in Suchmaschinen stecken und wie Sie diese gezielt für Ihr Online-Geschäft nutzen können.

Saim Rolf Alkan
1×1 für Online-Redakteure und Online-Texter
Einstieg in den Online-Journalismus
2. Auflage, April 2009
ISBN 978-3-938358-92-4
21,80 Euro • 22,50 Euro [A] • 39,90 CHF
Art.-Nr. 767
www.BusinessVillage.de/bl/767

Journalisten, Redaktionen, Homepage-Besitzer – das Schreiben für das Medium Internet stellt Redakteure vor neue Herausforderungen – es geht nicht mehr um die Onlineausgabe gängiger Printmedien, sondern umfasst die ganze Bandbreite elektronischen Publizierens. Allen gemeinsam ist der Umgang mit Information, die sie erschließen, gestalten und marktgerecht positionieren müssen. Um dabei die Lesererwartungen zu erfüllen und Qualitätsansprüchen gerecht zu werden, müssen Online-Joaurnalisten genauso über journalistische Basisqualifikationen verfügen wie mit den Besonderheiten des Mediums „Internet" vertraut sein. Die Verknüpfung beider Bereiche ist der Leitgedanke dieses Buches. Wichtige journalistische Grundregeln werden vorgestellt und unter dem Gesichtspunkt der webspezifischen Umsetzung erläutert.

Frank Reese (Hrsg.)
Website-Testing
Conversion Optimierung für Landing Pages und Online-Angebote – Standardausgabe
Mai 2009
ISBN 978-3-938358-58-0
39,80 Euro • 41,00 Euro [A] • 65,40 CHF
Art.-Nr. 806
www.BusinessVillage.de/bl/806

Mehr Leads, mehr Sales, mehr Profit? Dann hilft nur noch Website-Testing und -optimierung. Erfahren Sie, mit welchen Verfahren Sie Ihre Online-Angebote auf Herz und Nieren testen können, um auch das Letzte aus dem Traffic herauszuholen. Für Online-Profis ist dieses Buch eine unentbehrliche Machete, die den Dschungel der Optimierungsverfahren und -möglichkeiten lichtet. Die Autoren zeigen, wie Klick- und Konversionsraten von Landing-Pages, Bestellprozessen und Anmeldeformularen gezielt optimiert werden und welche Testverfahren die besten sind. Erstmalig werden alle gängigen Test-Ansätze in einem Buch gemeinsam vorgestellt und auf den Prüfstand gestellt. Praxisorientierte Einführungen und ausführliche Fallbeispiele erfolgreicher Unternehmen illustrieren, wie professionelle Website-Optimierung funktioniert.

Thomas Eisinger, Lars Rabe, Wolfgang Thomas (Hrsg.)
Performance Marketing – Erfolgsbasiertes Online-Marketing
Mehr Umsatz im Internet mit Suchmaschinen, Bannern, E-Mails & Co.
3. Auflage, Oktober 2009
ISBN 978-3-86980-008-0
39,80 Euro • 41,00 Euro [A] • 65,40 CHF
Art.-Nr. 723
www.BusinessVillage.de/bl/723

Kaum ein Bereich wächst schneller als das Online-Marketing. Und die Beliebtheit dieser neuen Werbeformen hat ihren Grund: Neue Kunden und Zielgruppen lassen sich direkt, effizient und kostengünstig ansprechen und der Erfolg der Kampagnen lässt sich live mitverfolgen. Suchmaschinenoptimierung, Google-AdWords, Afiliate-, Banner- oder E-Mail-Marketing oder das Web 2.0 – Performance Marketing schafft Interaktion mit den Kunden und Transparenz auf der Kostenseite. Welche Keywords liefern die meisten Kunden, welche Landingpage produziert die meisten Sales, was kostet ein Neukunde? Perfomance Marketing gibt Antworten und macht die konsequente und zielgerichtete Optimierung der Kampagnen erst möglich.

Heiko Burrack
Erfolgreiches New Business für Werbeagenturen
Mit Insights, Tipps und Checklisten
2. Auflage, April 2010
ISBN 978-3-86980-001-1
29,80 € • 31,80 € [A] • 49,80 CHF
Art.-Nr. 796
www.BusinessVillage.de/bl/796

Die Pflichtlektüre für Agenturen und Einzelkämpfer - für alle, die in der Kommunikationsbranche ihr Geld verdienen. New Business-Experte Heiko Burrack bringt mit seinem neuen Buch Licht in die Szene und lüftet den Mythos „New Business". Was ist dran am „Kostendrücker" Einkauf? Welche Faktoren sind bei der Etatvergabe entscheidend? Der Autor zeigt die beliebtesten Fehler in der Akquise und gibt tiefe Einblicke in bisher verschlossene Bereiche. Von der Positionierung über die Kontaktaufnahme bis hin zur finalen Pitch-Präsentation illustriert dieses Buch das neue „New Business". Denn beim erfolgreichen Neukundengeschäft geht es nicht nur um Kreativität, sondern vielmehr um Dienstleistungen, die verkauft werden müssen.

www.webolution-buch.de
www.webolutionthebook.com